科学家学术成长资料采集工程

国科学院院士传记丛书

一腔报国志
湿法开金石

陈家镛传

安震涛　王雅丽　刘　伟◎著

中国科学技术出版社

图书在版编目（CIP）数据

一腔报国志　湿法开金石：陈家镛传 / 安震涛，王
雅丽，刘伟著 . -- 北京：中国科学技术出版社，2022.1（2024.7 重印）
（老科学家学术成长资料采集工程丛书 . 中国科学院
院士传记丛书）
ISBN 978-7-5046-9323-5

I.①—…　II.①安…②王…③刘…　III.①陈家镛—传记
IV.① K825.13

中国版本图书馆 CIP 数据核字 (2021) 第 238410 号

责任编辑	余　君
责任校对	焦　宁
责任印制	李晓霖
版式设计	中文天地

出　　版	中国科学技术出版社
发　　行	中国科学技术出版社有限公司
地　　址	北京市海淀区中关村南大街 16 号
邮　　编	100081
发行电话	010-62173865
传　　真	010-62173081
网　　址	http://www.cspbooks.com.cn

开　　本	787mm×1092mm　1/16
字　　数	192 千字
印　　张	12.75
彩　　插	2
版　　次	2022 年 1 月第 1 版
印　　次	2024 年 7 月第 2 次印刷
印　　刷	德富泰（唐山）印务有限公司
书　　号	ISBN 978-7-5046-9323-5 / K·312
定　　价	68.50 元

老科学家学术成长资料采集工程简介

　　老科学家学术成长资料采集工程（以下简称"采集工程"）是根据国务院领导同志的指示精神，由国家科教领导小组于 2010 年正式启动，中国科协牵头，联合中组部、教育部、科技部、工信部、财政部、文化部、国资委、解放军总政治部、中国科学院、中国工程院、国家自然科学基金委员会等 11 部委共同实施的一项抢救性工程，旨在通过实物采集、口述访谈、录音录像等方法，把反映老科学家学术成长历程的关键事件、重要节点、师承关系等各方面的资料保存下来，为深入研究科技人才成长规律，宣传优秀科技人物提供第一手资料和原始素材。

　　采集工程是一项开创性工作。为确保采集工作规范科学，启动之初即成立了由中国科协主要领导任组长、12 个部委分管领导任成员的领导小组，负责采集工程的宏观指导和重要政策措施制定，同时成立领导小组专家委员会负责采集原则确定、采集名单审定和学术咨询，委托科学史学者承担学术指导与组织工作，建立专门的馆藏基地确保采集资料的永久性收藏和提供使用，并研究制定了《采集工作流程》《采集工作规范》等一系列基础文件，作为采集人员的工作指南。截至 2021 年 8 月，采集工程已启动 592 位科学家的学术成长资料采集项目，获得实物原件资料 132922 件、数字化资料 318092 件、视频资料 443783 分钟、音频资料 527093 分钟，具有重要的史料价值。

采集工程的成果目前主要有三种体现形式，一是建设"中国科学家博物馆网络版"，提供学术研究和弘扬科学精神、宣传科学家之用；二是编辑制作科学家专题资料片系列，以视频形式播出；三是研究撰写客观反映老科学家学术成长经历的研究报告，以学术传记的形式，与中国科学院、中国工程院联合出版。随着采集工程的不断拓展和深入，将有更多形式的采集成果问世，为社会公众了解老科学家的感人事迹，探索科技人才成长规律，研究中国科技事业的发展历程提供客观翔实的史料支撑。

总序一

中国科学技术协会主席　韩启德

　　老科学家是共和国建设的重要参与者，也是新中国科技发展历史的亲历者和见证者，他们的学术成长历程生动反映了近现代中国科技事业与科技教育的进展，本身就是新中国科技发展历史的重要组成部分。针对近年来老科学家相继辞世、学术成长资料大量散失的突出问题，中国科协于2009年向国务院提出抢救老科学家学术成长资料的建议，受到国务院领导同志的高度重视和充分肯定，并明确责成中国科协牵头，联合相关部门共同组织实施。根据国务院批复的《老科学家学术成长资料采集工程实施方案》，中国科协联合中组部、教育部、科技部、工业和信息化部、财政部、文化部、国资委、解放军总政治部、中国科学院、中国工程院、国家自然科学基金委员会等11部委共同组成领导小组，从2010年开始组织实施老科学家学术成长资料采集工程。

　　老科学家学术成长资料采集是一项系统工程，通过文献与口述资料的搜集和整理、录音录像、实物采集等形式，把反映老科学家求学历程、师承关系、科研活动、学术成就等学术成长中关键节点和重要事件的口述资料、实物资料和音像资料完整系统地保存下来，对于充实新中国科技发展的历史文献，理清我国科技界学术传承脉络，探索我国科技发展规律和科技人才成长规律，弘扬我国科技工作者求真务实、无私奉献的精神，在全社会营造爱科学、学科学、用科学的良好氛围，是一件很有意义的事情。采集工程把重点放在年龄在 80 岁以上、学术成长经历丰富的两院院士，以及虽然不是两院院士、但在我国科技事业发展中作出突出贡献的老科技工作者，充分体现了党和国家对老科学家的关心和爱护。

自 2010 年启动实施以来，采集工程以对历史负责、对国家负责、对科技事业负责的精神，开展了一系列工作，获得大量反映老科学家学术成长历程的文字资料、实物资料和音视频资料，其中有一些资料具有很高的史料价值和学术价值，弥足珍贵。

以传记丛书的形式把采集工程的成果展现给社会公众，是采集工程的目标之一，也是社会各界的共同期待。在我看来，这些传记丛书大都是在充分挖掘档案和书信等各种文献资料、与口述访谈相互印证校核、严密考证的基础之上形成的，内中还有许多很有价值的照片、手稿影印件等珍贵图片，基本做到了图文并茂，语言生动，既体现了历史的鲜活，又立体化地刻画了人物，较好地实现了真实性、专业性、可读性的有机统一。通过这套传记丛书，学者能够获得更加丰富扎实的文献依据，公众能够更加系统深入地了解老一辈科学家的成就、贡献、经历和品格，青少年可以更真实地了解科学家、了解科技活动，进而充分激发对科学家职业的浓厚兴趣。

借此机会，向所有接受采集的老科学家及其亲属朋友，向参与采集工程的工作人员和单位，表示衷心感谢。真诚希望这套丛书能够得到学术界的认可和读者的喜爱，希望采集工程能够得到更广泛的关注和支持。我期待并相信，随着时间的流逝，采集工程的成果将以更加丰富多样的形式呈现给社会公众，采集工程的意义也将越来越彰显于天下。

是为序。

总序二

中国科学院院长　白春礼

　　由国家科教领导小组直接启动，中国科学技术协会和中国科学院等 12 个部门和单位共同组织实施的老科学家学术成长资料采集工程，是国务院交办的一项重要任务，也是中国科技界的一件大事。值此采集工程传记丛书出版之际，我向采集工程的顺利实施表示热烈祝贺，向参与采集工程的老科学家和工作人员表示衷心感谢！

　　按照国务院批准实施的《老科学家学术成长资料采集工程实施方案》，开展这一工作的主要目的就是要通过录音录像、实物采集等多种方式，把反映老科学家学术成长历史的重要资料保存下来，丰富新中国科技发展的历史资料，推动形成新中国的学术传统，激发科技工作者的创新热情和创造活力，在全社会营造爱科学、学科学、用科学的良好氛围。通过实施采集工程，系统搜集、整理反映这些老科学家学术成长历程的关键事件、重要节点、学术传承关系等的各类文献、实物和音视频资料，并结合不同时期的社会发展和国际相关学科领域的发展背景加以梳理和研究，不仅有利于深入了解新中国科学发展的进程特别是老科学家所在学科的发展脉络，而且有利于发现老科学家成长成才中的关键人物、关键事件、关键因素，探索和把握高层次人才培养规律和创新人才成长规律，更有利于理清我国科技界学术传承脉络，深入了解我国科学传统的形成过程，在全社会范围内宣传弘扬老科学家的科学思想、卓越贡献和高尚品质，推动社会主义科学文化和创新文化建设。从这个意义上说，采集工程不仅是一项文化工程，更是一项严肃认真的学术建设工作。

中国科学院是科技事业的国家队，也是凝聚和团结广大院士的大家庭。早在 1955 年，中国科学院选举产生了第一批学部委员，1993 年国务院决定中国科学院学部委员改称中国科学院院士。半个多世纪以来，从学部委员到院士，经历了一个艰难的制度化进程，在我国科学事业发展史上书写了浓墨重彩的一笔。在目前已接受采集的老科学家中，有很大一部分即是上个世纪 80、90 年代当选的中国科学院学部委员、院士，其中既有学科领域的奠基人和开拓者，也有作出过重大科学成就的著名科学家，更有毕生在专门学科领域默默耕耘的一流学者。作为声誉卓著的学术带头人，他们以发展科技、服务国家、造福人民为己任，求真务实、开拓创新，为我国经济建设、社会发展、科技进步和国家安全作出了重要贡献；作为杰出的科学教育家，他们着力培养、大力提携青年人才，在弘扬科学精神、倡树科学理念方面书写了可歌可泣的光辉篇章。他们的学术成就和成长经历既是新中国科技发展的一个缩影，也是国家和社会的宝贵财富。通过采集工程为老科学家树碑立传，不仅对老科学家们的成就和贡献是一份肯定和安慰，也使我们多年的夙愿得偿！

鲁迅说过，"跨过那站着的前人"。过去的辉煌历史是老一辈科学家铸就的，新的历史篇章需要我们来谱写。衷心希望广大科技工作者能够通过"采集工程"的这套老科学家传记丛书和院士丛书等类似著作，深入具体地了解和学习老一辈科学家学术成长历程中的感人事迹和优秀品质；继承和弘扬老一辈科学家求真务实、勇于创新的科学精神，不畏艰险、勇攀高峰的探索精神，团结协作、淡泊名利的团队精神，报效祖国、服务社会的奉献精神，在推动科技发展和创新型国家建设的广阔道路上取得更辉煌的成绩。

总序三

中国工程院院长　周　济

由中国科协联合相关部门共同组织实施的老科学家学术成长资料采集工程，是一项经国务院批准开展的弘扬老一辈科技专家崇高精神、加强科学道德建设的重要工作，也是我国科技界的共同责任。中国工程院作为采集工程领导小组的成员单位，能够直接参与此项工作，深感责任重大、意义非凡。

在新的历史时期，科学技术作为第一生产力，已经日益成为经济社会发展的主要驱动力。科技工作者作为先进生产力的开拓者和先进文化的传播者，在推动科学技术进步和科技事业发展方面发挥着关键的决定的作用。

新中国成立以来，特别是改革开放30多年来，我们国家的工程科技取得了伟大的历史性成就，为祖国的现代化事业作出了巨大的历史性贡献。两弹一星、三峡工程、高速铁路、载人航天、杂交水稻、载人深潜、超级计算机……一项项重大工程为社会主义事业的蓬勃发展和祖国富强书写了浓墨重彩的篇章。

这些伟大的重大工程成就，凝聚和倾注了以钱学森、朱光亚、周光召、侯祥麟、袁隆平等为代表的一代又一代科技专家们的心血和智慧。他们克服重重困难，攻克无数技术难关，潜心开展科技研究，致力推动创新发展，为实现我国工程科技水平大幅提升和国家综合实力显著增强作出了杰出贡献。他们热爱祖国，忠于人民，自觉把个人事业融入到国家建设大局之中，为实现国家富强而不断奋斗；他们求真务实，勇于创新，用科技为中华民族的伟大复兴铸就了辉煌；他们治学严谨，鞠躬尽瘁，具有崇高的科学精神和科学道德，是我们后代学习的楷模。科学家们的一生是一本珍贵的教科书，他们坚定的理想信念和淡泊名利的崇高品格是中华民族自强不息精神的宝贵财富，永远值得后人铭记和敬仰。

通过实施采集工程，把反映老科学家学术成长经历的重要文字资料、实物资料和音像资料保存下来，把他们卓越的技术成就和可贵的精神品质记录下来，并编辑出版他们的学术传记，对于进一步宣传他们为我国科技发展和民族进步作出的不朽功勋，引导青年科技工作者学习继承他们的可贵精神和优秀品质，不断攀登世界科技高峰，推动在全社会弘扬科学精神，营造爱科学、讲科学、学科学、用科学的良好氛围，无疑有着十分重要的意义。

中国工程院是我国工程科技界的最高荣誉性、咨询性学术机构，集中了一大批成就卓著、德高望重的老科技专家。以各种形式把他们的学术成长经历留存下来，为后人提供启迪，为社会提供借鉴，为共和国的科技发展留下一份珍贵资料。这是我们的愿望和责任，也是科技界和全社会的共同期待。

周济

陈家镛

（1922—2019）

参加采集工程结项验收会刘伟（右二）上台领奖

安震涛（右）、王雅丽（左）与采集工程馆藏基地老师合影

王雅丽（右）向馆藏基地移交采集成果

目　录

图片目录

导 言

　　陈家镛（1922—2019），是我国著名的湿法冶金学家、化学工程学家。回国后，他参与了中国科学院化工冶金研究所（现过程工程研究所）的筹建工作，曾任副所长。还曾担任中国化工学会、中国金属学会理事，以及中国有色金属学会副理事长等职。1980年当选为中国科学院学部委员（院士），第四、第五、第六、第七、第八届全国政协委员。

　　陈家镛在美国期间从事化工动力学、气溶胶过滤和高分子聚合工程的研究，回国后从事湿法冶金和化学工程研究。开展湿法冶金提取金属的研究及开发，包括云南东川低品位铜矿、云南墨江氧化镍矿、进口高砷钴矿、国内多金属共生复杂铀矿和低品位难处理金矿的湿法冶金，在湿法炼铅技术上有重大创新。将湿法冶金技术扩展到特殊粉末材料、复合粉体新材料领域，开发出一系列特殊粉末材料，满足了工业和国防建设的需要。

　　陈家镛倡导将化学反应工程学与湿法冶金结合，开展湿法冶金和化工过程中的多相化学反应器及非均相反应动力学的研究，并深入研究其中液滴、气泡和固体颗粒的运动、传递和反应的机理，促进了化学工程学的发展。他致力于发展萃取分离新技术，在萃取化学、萃取工程、萃取分离设备等重要方向上的研究成果卓著。

　　2010年，"老科学家学术成长资料采集工程"正式启动。2011年，年近九旬的中国科学院资深院士陈家镛先生入选中国科协确定的第二批采集名单，中国科学院过程工程研究所作为项目承担单位，具体工作由相关实验室和管理部门协同推进。陈家镛院士工作小组成员有长期在老先生身边工作的同志以及研究所负责离退休、信息宣传和档案管理的工作人员组成，同时聘请了实验室老同志作为顾问。

在学术成长资料征集整理过程中，采集小组成员在先生家中、研究所里、档案馆中搜寻到了大量弥足珍贵的各门类档案，例如陈先生家中存有一些早期从美国带回来的个人的毕业证、成绩单等物品，回国后保留下来的大部分科研工作笔记、来往信件、工程图纸等大多存放在办公室的柜子里，还在采集中得到了熟悉情况的老同志协助回忆、分类、整理，这为该项工作高质高效完成提供了极大的方便。虽然大家对陈家镛院士的学术经历和科研贡献都有一定的了解，但工作人员在梳理陈先生与国内外友人的来往书信时，发现了许多书信的字里行间流露出先生的拳拳爱国情、殷殷报国志。他平时都很少提及这些学术交往的往事，当工作人员向先生夫妇求证时，他们莞尔一笑表示只是做了点力所能及的小事，不足为道。

在陈家镛先生学术精神和人格魅力的感召下，工作小组加班加点整理搜集到的上百件档案资料，最终在中国科协规定的时间内向馆藏基地北京理工大学图书馆移交了音频材料 510 分钟、视频材料 200 分钟、数字化实物 370 件、实物原件 342 件，为进一步丰富馆藏基地的藏品内容做出了应有的贡献。

这本书的撰写过程令人难忘，每位撰稿人都是满怀着对陈先生的崇敬与景仰动笔的，也许写作水平难尽如人意，但大家都是将真情实感流淌在笔端。采集小组通过采访陈先生身边的亲朋好友和学生后辈，得到了一些第一手宝贵的音视频口述资料。前期整理的工作报告、书信、论文等档案资料派上了大用场，将口述资料与这些实物资料有机结合，由此为本书的撰写提供了大量丰富的素材。本书以时间为序，适当介绍学科背景，主要从陈先生的家庭、求学、工作、交往等方面进行记述，力求全方位地将陈先生的学术成长经历完整地呈现在读者面前。

第一章
生于书香门第　初识民族忧患

陈家镛为院士自述文集《科学的道路》亲笔撰写的《科研之路》一文写道：

> 我生于四川金堂县，我家是一个读书世家，自幼在四川成都市读书。受当时一些教师的教导及启发，目睹了旧中国经济落后、军阀混战、民不聊生、屡遭帝国主义侵略，特别是日本帝国主义的武装侵略，使国土沦丧的种种现实。同时，日本大量倾销工业品的经济侵略，激发了我工业救国的强烈愿望。[①]

有 子 名 镛

四川省金堂县陈家是一个大家庭。陈家镛的祖父有四个儿子、两个女儿，最小的儿子名叫陈松谱。陈松谱字顺涛，他的妻子名叫王颖明。

1922 年 2 月 17 日是一个喜庆的日子，陈松谱夫妇迎来了他们的第一个男孩。之前他们接连生了三个女儿，为此经常被陈家的亲戚耻笑。儿子

---

① 中国科学院院士工作局编：《科学的道路》。上海教育出版社，2005 年，第 446 页。

的降生让他们非常高兴，遂给他取名陈家镛，字鸣远。

"镛"是大钟，我国古代的一种乐器。古代庙堂祭祀时，常常击"镛"。镛声洪亮悦耳，震天动地。陈松谱给长子选择了"镛"字作为名字，期待着儿子长大后能做出一番事业。

金堂县位于成都平原东北部，距离成都市约五十公里，现在隶属于成都市，当时的金堂县还没有划归成都管辖。陈氏家族在金堂县生活了二百余年，到了陈松谱这一辈人，祖上积攒下了二百余亩良田，后来由兄弟四人平分继承，陈松谱分到了大约六十亩。

陈松谱上过私塾，凭他的好学和钻研精神，不管是古文、诗词、书法，还是中医药知识，都打下了很深的根基。经常有邻居、熟人来找他看看药方、写点字画，他都欣然帮助。

陈家镛对金堂县的生活几乎没留下什么记忆，事实上他仅仅在那里度过了婴幼儿时期，零星用来拼凑回忆的碎片，还是来自母亲后来的唠叨。母亲说：

> 一家人都是书呆子，每年家族里的小孩都要考状元，但好像都不太成功。

陈家镛对家里拥有过的那些田产也没什么印象，春种秋收仅仅停留在长辈的谈话中，似乎未曾在他的世界里真实存在过。他的父亲陈松谱不擅农事，田里的活计是不动一根手指头的。

有这六十亩良田，陈松谱不必为一家人生计奔忙。他凭自己的本事和兴趣，在家里开办了私塾，教授小孩子四书五经等传统中国文化，是一位受人尊敬的教书先生，金堂县远近闻名的乡绅。

搬家到成都

二十世纪初的中国，无数仁人志士经过不断努力和艰苦卓绝的斗争，推翻了清王朝封建帝制的统治，建立了中华民国；社会风气渐开，民智日进，西方的先进科学知识、文化思潮影响着中国知识阶层，正所谓西学东渐；许多优秀青年知识分子走出国门，踏上了留学之路，这成了一股时尚潮流。

陈松谱虽然成长、生活在大西南的一个小县城，但他十分关注国事民情。他认为，私塾在今后的中国一定会不断式微，引进西方的教育模式和知识体系是大势所趋；只有接受了全面的西式教育，年轻人今后才能有出息、有出路、有作为。加之所居金堂县多年被各路军阀、土匪盘踞，"城头变幻大王旗"，战乱频仍，民众生活不仅凄苦，而且很不太平，于是他果断做出了搬家去成都的决定。

1925 年，陈松谱带领一家老小来到了成都郊区，落脚在一个亲戚家里。陈家在成都市里有自己的房产，是位于市中心青龙街的一处大宅院，毕竟这次搬家是做了在成都落地生根的打算，所以他找人彻底把自家的大院子收拾了一番，半年后一家人搬了进去，算是在成都安下了家，那年陈家镛刚满三岁。

拖家带口地打乡下迁居到了大城市成都，陈松谱一是为远离匪患动荡的县城，更为主要的，是为了让子女接受好的教育，颇有点"孟母三迁"的意味。读书人家买房置业最看重的是"书香""文脉"。陈家所在的这条青龙街可不简单，是当时成都学术氛围最为浓郁的街区之一，让人不能不佩服陈松谱的深谋远虑。

老成都的书院数量众多，曾一度位居全国第二。在长不过三百六十米的青龙街上，就有两座著名的书院毗邻而立。一个是老牌的、始建于宋代的墨池书院，相传是为了纪念西汉的大文学家扬雄而建。有人考证，当年扬雄常在此地的一个水池里洗笔，墨渍濡染，水色如墨，人们就管这个水池叫墨池；周围浣纱、种菜的老百姓每天一大早起来，最为享受的就是聆听扬雄那抑扬顿挫、节奏起伏的读书声。宋人所建的墨池书院，明末毁于战火，直到道光元年（1821），学政聂铣敏捐出俸禄一万两白银，复建墨池书院，久违的读书声又回响在青龙街。

咸丰二年（1852），位于拐枣树街的芙蓉书院，迁到墨池书院西侧，两座书院隔一堵墙并肩，给青龙街的文脉更添重彩。到了光绪二十九年（1903），墨池书院、芙蓉书院合并改为成都县小学堂，三年后又改为县立中学堂。1912年，改称成都县立中学校。1952年，易名为成都第七中学校（即今成都七中）。由书院到新式学校，朝代更迭，历经千年；书香绵延，文脉不断。

人说"大树底下好乘凉"，可陈松谱搬到青龙街后没有借势把自家的私塾发扬光大，他索性连自己的儿女也不教了，除了大女儿帮衬母亲料理家务之外，其他子女，无论男孩女孩，统统送进了新式学堂里读书，这在当时的中国家庭里并不常见。陈松谱自己是一个既没有都市生活经验也没有接触过西式教育的人，两男、七女九个子女都送入新式学校读书，充分表现出了他的气魄和胆识，也说明了在这个家庭里读书是多么重要的一件事情。陈松谱一家老小在成都的日常开销靠的还是金堂县的六十亩田产的收入，子女多又都上学念书，在大城市里过日子需要精打细算。因此，子女读书也选择离家近的学校就读，以节省开支。每天孩子们放学后，他会亲自在家里指点他们温习古文、书法。他常说，人不能忘本，要记得祖先的教导。

中华人民共和国成立后，陈松谱主动把金堂县的六十亩土地全部捐给了国家，当地人民政府授予他"开明地主"的称号。而他的子女们大多已经大学毕业，参加工作，而且有好几位继承了他的衣钵，成为优秀的人民教师，有的还加入了中国共产党，几个年纪较小的进入大学继续攻读。

陈家镛的大姐陈德华，因身体不好在家中帮助母亲料理家事；二姐陈德芳，毕业于中央技术专科学校，任职于河南纺织研究所；三姐陈竹筠，读书时文化、体育样样行，遗憾的是因肺病过早去世；弟弟陈家森，毕业于四川大学法律系，因四川当时刚解放，分配到四川都江堰中学当校长，从而终身从教；四妹陈季芬，毕业于四川大学教育系，在四川新都中学任教；五妹陈兆蓉，毕业于四川大学英语系，新中国成立后因为缺少俄语人才，组织上又调她去上海外语学院俄语系学习，毕业后调四川简阳中学任教；六妹陈孝章，毕业于四川大学化学系，在陕西延安中学任教，后又调西安中学任教；七妹陈学宏，毕业于西南财经大学，分配到交通部公路总局，后因远洋运输公司成立，在天津改做海运工作；八妹陈芷如，毕业于中南矿冶学院，在云南个旧锡业集团担任工程师。

排行第四的家中长子陈家镛是所有孩子中学业最优秀的，他继承了父亲眼光高远、做事踏实的性格，从成都的青龙街开启了不平凡的人生。

入读皆名校

1928 年至 1933 年，陈家镛入成都县立高等小学念书，1933 年考入成都县立中学校，至 1939 年毕业。陈家镛青少年时期就读的都是成都当时有口皆碑的好学校。

少年时期，陈家镛天资聪颖，在学业方面可以说是出类拔萃；作为家中长子，他一直是弟妹们心中的榜样。他的七妹陈学宏回忆：

> 我家兄弟姐妹多，但在一起团聚的机会少之又少，甚至全家都没有一张完整的照片。大哥是个好兄长，他很疼爱妹妹们，愿意和我们一起玩，给我们讲他在学校的故事，解答各种各样的问题。比如，为什么下午放学时月亮总是跟着我们走，一直把我们送到家？为什么雪花飘下来是花，它在天上就是花吗？他总是细细地讲，还做实验给我们看。他还用学到的知识，给妹妹们配指甲油，妹妹们会向同学炫耀她们的大哥。他的脾气好，不管妹妹们怎么闹腾顽皮，他从来不生气。妹妹们都喜欢他回来，特别是他上大学时，如果一个寒暑假不回家，妹妹们就非常想念他。

成都县立中学校是以教师管理严格和学生成绩优异而闻名，能考进去很不容易。在成都县立中学校的全宗档案中还珍存有几份上世纪三十年代学校初中部的招生简章，其中许多内容都体现出"新制"的鲜明特色。例如：

入学资格为高小毕业或与高小毕业有同等学力而身体健康并无嗜好者；学科试验及格后须经口试、智力测验及身体检验合格方可入校。

小学毕业时，陈家铺以优异的成绩考上成都县立中学校，编入第三十五班；班主任看他在学业和操行方面都很优秀，便任命他当班长。与人为善的性格使得他和同学之间的关系非常融洽，低调踏实、温文尔雅的举止给大家留下了深刻印象。

由于学校和家在同一条街上，出了家门不多远即入校门，念初中的时候，陈家铺选择走读，住在家里，吃饭也是在家里。上了高中，学校要求所有学生都必须住校，只有周末才准许回家，陈家铺度过了一段在家门口寄宿求学的日子。

当时的中国屡遭西方列强的欺凌，积贫积弱，遭洋人耻笑。近代思想家、政治家、教育家梁启超在1900年所著文章《少年中国说》中大声疾呼：

> 少年智则国智，少年富则国富，少年强则国强，少年自由则国自由……

他告诉国人，少年乃是国家强盛之希望，但是如何实现这"智"和"强"呢？人们的目光被吸引到"新制"教育上。当时教育界的有识之士倡导学校不仅要教书更要育人，还要重视青少年"健全人格"的培养和"公民意识"的觉醒，在中小学中普遍建立"童子军"组织，注重学生的身体锻炼和良好精神面貌的养成。

现存于成都市档案馆的《成都县立中学校通知学生家长书》，洋洋洒洒有三十二条，其中："卅一、本校从二十五年上期起采用军事管理，自揣不能受严格管教之学生勿庸来校"，特别强调，"本校自廿五年（也就是民国二十五年）上期起高中全体及初中三年级学生一律受军事训练，初中一二年级学生一律接受童军训练。受军训学生按国民军训会之规定自廿五年上期起，无论校内校外、不分季节一律改着灰麻色制服，其余帽子、皮带、绑腿、鞋袜等亦应遵照军训会之规定购置。"

在南京大学档案馆查到的陈家镛大学期间的学籍卡（成绩单）上，贴着他高中毕业之际的标准照，就是按当时学校的要求着装的。

回想起母校对自己的悉心培养，陈家镛院士始终心怀感恩之情，在母校成都七中百年校庆时，他给母校师生写了一封信，体现了拳拳爱校之情，校庆画册杰出校友中收录了他的照片和简介。许多年来，每当元旦前夕，他都会收到成都七中寄来的新年贺卡，送来全校师生对这位杰出校友的殷殷祝福。

升入中学后，陈家镛作为班长的一项重要任务是在军训的时候向同学们示范标准的坐立行走姿势，这些看似文化学习之外的"课程"，让他获益匪浅，他的性格变得开朗起来，自信心更强了。他也开始考虑自己今后的人生之路，为了国家强大，为了不受外国的欺负，贡献自己绵薄之力的意识开始觉醒。

再来看看陈家镛读中学时的课程设置，主要有党义、国文、算学、理化、史地、外语、公民、生物、劳作、音乐、国画、卫生、操行、体育等，党义和公民是当时学生德育教育的重要组成部分，主要教授三民主义、公民基本权利义务等内容。

陈家镛是个自觉用功的学生，不用大人去盯着他。至今七妹陈学宏还记得：

大哥上中学时每天按时起床，在家里院子里的

图1-1 陈家镛在成都县立中学校求学时的照片

花架子下面，伴着花香，孜孜不倦地念英文、语文等，旁边小椅子上放着要复习的数学、物理、化学等书籍。到我们起床时，他才收拾好书包，吃完早饭上学去。下午放学回家，坐在桌边把功课复习一遍，把作业做得清清楚楚直到满意为止。

"梅花香自苦寒来"。陈家镛的各科成绩在班里名列前茅。从现存档案看到，他毕业成绩总分数为890.6分，毕业成绩平均为81分，被评为甲等；操行评定为甲等；体育成绩71分，是乙等。陈家镛从小就不太喜欢运动，所以体育成绩虽然不是太差，但也是给他"拖后腿"了。

陈家镛的理化成绩达到了"甲上"，对这门课程他似乎情有独钟。他喜爱学习理化知识，通过学习他了解自然界，窥探事物的本质，解开物质变化的奥秘，激发他不断探索的兴趣；同时在他少年的心里还埋藏着一个心愿，激励他一定要学好、学扎实理化知识。他的心愿是什么呢？

1939年，距离抗日战争全面爆发已经过去一年多了，日本侵略军仗着精良的武器，侵占了我国大片国土。人民受压迫，无辜百姓被屠杀……

陈家镛后来曾回忆说：

> 从上小学五年级开始，日本的军事侵略和大量倾销工业品的经济侵略，激发了我工业救国的强烈愿望……就立志要为中华民族的强盛而努力奋斗。我人生的每一步都在实践自己的诺言！

在未满十八岁的年纪，陈家镛已经有了人生的选择：工业救国。这是他的理想，他对此是坚定的，一生孜孜以求；他的面前是广阔的世界，他铆足了劲要投入其中，去实现理想，拥抱未来。

第二章
激荡年代　开启科学人生

　　1939 年，陈家镛中学毕业，正值国内国际形势发生激烈变化的时候。国内，全面抗战已经进行了一年半的时间，正处于艰难之中；国际，第二次世界大战全面爆发，英法对德宣战。自 1937 年卢沟桥事变以来，日本侵略者的铁蹄在中华大地上肆意践踏，大部分国土相继沦陷，在炮火硝烟笼罩之下，偌大的中国，已经放不下一张安静的书桌。陈家镛今后的路该怎么走？原本他的理想是继续深造，掌握更多知识来报效祖国，但是在战争的大环境之下，读书深造的想法还能实现吗？

高　　考

据国民政府教育部 1938 年 8 月底调查统计：

　　由于日军入侵，全国一百零八所高校中，被破坏者达九十一所，占总数 84%，有十四所大学全部被破坏，十五所高校勉力维持，二十五所高校破坏严重被迫停办。

十七岁的陈家镛从成都县立中学校高中毕业了，这个私塾先生的儿子，成绩优良，在理科方面初露才华；本是个未来科研领域的好苗子，偏偏"生不逢时"，战火下的求学之路还能行得通吗？

位于北平市沙滩的北京大学红楼，是五四运动的发祥地，也是中国北方第一个马列主义小组的诞生地；青年毛泽东作为北大图书馆员曾在这里工作、学习。到了1938年，北大师生早已被迫南撤，红楼沦为了日本宪兵队队部，地下室成为宪兵队的留置所，许多爱国志士被日本宪兵队逮捕并关押在这里，遭受非人迫害。昔日的象牙塔在日寇铁蹄下变成了人间地狱，而天津的南开大学校园几乎被夷为平地。

正所谓"国家兴亡，匹夫有责"，大多数文化界、教育界的知识分子积极投身到抗日的洪流中。有一些人力主实施战时非常教育，主张中断一切正规教育，停办高中及大专院校，师生员工拿起枪去前线杀敌，共赴国难。但当时国民政府提出：

> 教育是立国的根本，尤其当国家临到存亡断续的关头，成为绝对的需要，这是一个国家最强韧、最可靠的生存力量。

为今后国家建设储备人才，为保存学术实力、赓续中华文化命脉，为保护好"读书的种子"——青年学子们，抗战时期国民政府有计划地将沦陷区90%的高级知识分子和三十七所高校转往西南、西北大后方。最为人熟知的是由北京的国立清华大学、国立北京大学和天津的私立南开大学共同组成的国立西南联合大学，最终迁至云南昆明；南京的国立中央大学迁至四川重庆；杭州的国立浙江大学迁至贵州遵义等。包括杨振宁、李政道、邓稼先等一批日后闻名世界的科学家都是在这一时期、在非常态状况下继续完成高等教育的。

国难当头，以笔做刀。怀着满腔悲愤而学习，把悲愤化为学习的动力，是当时许多有志青年的选择，陈家镛就是这些青年中的一员。在众多高校中报考哪所大学、哪个专业，成为他面临的一次重要抉择。

陈家镛是家中的长子，战乱年代，父母不想让他离家太远念大学，因为成都到重庆距离较近，他经过权衡后，最终选择了报考由南京迁至重庆沙坪坝的国立中央大学。

从 1938 年起，国民政府教育部规定，国立大学招生要经过全国统考，最为广大考生所向往的大学有国立中央大学、国立西南联合大学、国立武汉大学、国立浙江大学等。

陈家镛是在 1939 年 8 月参加的在国统区国立高等院校的统一招生考试，考试科目包括公民、国文、英文、本国史地、外国史地、数学、物理、化学、生物等，他的高考成绩总分为 390 分。据文献记载，1939 年成都考区考试成绩的中位数是 140.84 分，陈家镛应该说考得很不错，他顺利地被国立中央大学录取了。

陈家镛擅长数理化，对化学尤其偏爱，他看到当时市面上充斥着日本生产的商品，国货凤毛麟角；日本不仅侵占我们的国土，还破坏、摧毁原本就脆弱的工业和经济；他心怀神圣的科学和工业救国理想，最终决定攻读该校的化学工程专业。

陈家镛在 1939 年 10 月入读国立中央大学。

了不起的中央大学

国立中央大学在民国时期是国立五大名校之一，被称为"最后的贵族"，这皆是因为它具有的强大背景和宏大的规模。国立中央大学的源头是三江师范学堂，由晚清两江总督张之洞于 1902 年创立于南京。学堂最初选在明朝国子监的旧址。等到校舍落成，当时的《东方杂志》特别刊文这样介绍：

> 校舍俱系洋系，壮丽宽广，建筑耗费，不亚于日本东京大学。

它就是这样一所清朝末期实施新政之后规模最大、投资最多、设计最

图 2-1　中央大学南京四牌楼校区大礼堂（现东南大学校区内）

新的高等学堂，堪与建在北平和硕公主府内的京师大学堂相媲美。

它还有一段传奇的经历，就是学校经过了数次易名，从落成时的三江师范学堂开始，先后称作两江师范学堂、南京高等师范学校、东南大学、第四中山大学、江苏大学；直至1928年5月，国民政府定都南京，才又被正式确立为国立中央大学。

除了硬件条件好，软件方面也十分了得，其学科设置、师资力量、学生规模、教育质量等方面在国内都是一流的。在1948年美国普林斯顿大学公布的世界大学排名中，国立中央大学更是力压日本东京帝国大学，即现在的东京大学，成为亚洲第一。可见，陈家镛能考上这个学校，是他实力的体现。

在南京时，中央大学的四牌楼本部设有文学院、理学院、法学院、工学院和教育学院；丁家桥分部设有医学院和农学院。

四牌楼的学校旧址现在是东南大学的校区，陈家镛一直对体现西方古典建筑风格、拥有标志性绿色穹顶的大礼堂印象深刻。

国立中央大学内迁至重庆后，校址选在了沙坪坝地区，与重庆大学毗邻。1946年11月1日重回南京复课后，沙坪坝的校舍划归重庆大学。今天，在重庆大学校园内还能找到原国立中央大学的"七七抗战大礼堂"[①]，尽管已年久失修，但较好保留了历史原貌。

1938年，日寇相继占领武汉、广州，大片国土沦陷，中华民族正处在生死存亡的危急时刻。周恩来在邓颖超的陪同下来到了"七七抗战大礼堂"，作了题为《第二期抗战形势》的演讲，千余师生将礼堂挤得水泄不通。周恩来详细阐述了毛泽东论持久战的思想，批判了"亡国论""速胜

[①]　1937年秋，国立中央大学随国民政府内迁重庆。次年，校长顾孟余主持修建了"七七抗战大礼堂"。

论"等错误论点。原重庆大学校史办主任伍子玉撰文说，周恩来的演讲使大家看到抗战胜利的前途和光明，重新建立起必胜的信心。

在那个战火纷飞的年代，国立中央大学的师生一边坚持上课、做科研，还要躲避日军飞机频繁的轰炸，钻防空洞成了"必修课"。

1940 年 8 月下旬某天，二十七架日机袭击沙坪坝，中央大学不足二百亩的校园中弹三十余枚，学校损失巨大。平时，也是三天一小炸，五天一大炸。为此，学校修筑了防空洞，成立了中央大学防护团。每逢空袭，防护团发出预备警报，师生必须迅速进入附近的防空洞。

当时沙坪坝所在的沙磁文化区是重庆学术、文化中心，是抗战大后方的科教文化中心。即便生活艰苦，正常的学习经常被日军的空袭打断，学校还是经常举办各种类型的讲座，如文学院举办过诗词曲赋和外国名著系列讲座，工学院举办科学讲座。每周日，中央大学必会邀请各界社会名流来校演讲，当年周恩来、郭沫若、老舍、曹禺、马寅初、冯玉祥、美国副总统华莱士、英国前首相和工党领袖艾德礼等名人曾来这里作精彩演讲。台下听众有五星红旗即国旗的设计者曾联松，"两弹一星"功勋人物朱光亚[①]、任新民[②]、黄纬禄[③]等众多杰出学子，这里成为广大爱国师生接受先进思想洗礼，慷慨激昂地表达矢志救国意愿的重要阵地。亲历者说：

图 2-2 中央大学旧址 "七七抗战大礼堂" 标牌
（现重庆大学校区内）

但凡有演讲大会举行，同学们莫不争先恐后，踊跃听讲。因而在

---

① 朱光亚（1924-2011），湖北武汉人，核物理学家，中国科学院院士、中国工程院院士。

② 任新民（1915-2017），安徽宁国人，航天技术与液体火箭发动机技术专家，中国科学院院士。

③ 黄纬禄（1916-2011），安徽芜湖人，自动控制专家，中国科学院院士。

当时很流传的一句口号：课可以不上，讲演不可不听！

立志科学和工业救国的陈家镛，也在"七七抗战大礼堂"聆听过台上嘉宾的激情演讲，他在学习工作之余和爱国师生一起积极参加各种团体组织的抗日救亡运动。他的七妹陈学宏回忆：

> 父母听到重庆总是遭轰炸特别担心，毕竟他是家里的长子，曾经写信劝他回家。可他回信说，就是因为看到日本飞机的轰炸才更要完成学业，要立鸿鹄之志，发誓要努力让国家强大不受外国人欺负。

立志化学工程

国立中央大学的校本部在重庆西郊沙坪坝的松林坡，后来又在柏溪创办了一所分校。沙坪坝和柏溪这两个校区各有分工，一年级新生都在离市区较远的柏溪分校区学习，因为那里远离都市的喧嚣，是个安静读书的好地方。二年级至四年级的学生则在沙坪坝的主校区学习。当时，沙坪坝地区学校云集，重庆大学、重庆南开中学等都在此处办学，学术气氛非常浓厚。陈家镛读大一时在柏溪的分校，之后转到了沙坪坝校区学习。

也许因为懂得战时能有读书的机会是多么的不容易，所以全体师生倍加珍惜，学习起来更加勤勉、努力。时任英国驻华参赞的著名学者李约瑟，也就是撰写了著名的《中国科学技术史》的英国人，谈到抗战时期的中国高等教育以及高校为核心的科学研究，指出从1938年到1944年：

> 这七年间的科学进步与贡献，比起过去三十年来，在质在量皆有增无减。

这从一个侧面证明：当时的学生普遍怀有一种使命感，为国家的强大发奋读书。经历过那一段生活的人后来回忆：

> 课堂上，不用点名，没有缺席逃课的，为了听课清楚，做好笔记，提前到教室，抢坐前排位子；每逢授课，教室总是挤得满满的，没有座位就站着听，也不忘记笔记。
>
> 理工科的学生为了得到一个数据，在实验室一站就是几个小时，忘了腰酸背痛，直到答案准确为止，校园处处充满了孜孜不倦的求知气息。

国立中央大学搬到重庆办学时，史称"重庆中央大学"；但不管名称上如何变化，中央大学所提倡和秉承的学风一如既往，概括为四个字：诚、朴、雄、伟。"诚"是诚实、诚恳的意思，指的是对待学问的态度；"朴"是简朴朴素的意思，不仅是生活朴实，同样有低调做人的概念；"雄、伟"说的是格局的高、大，绝不做井底之蛙，提倡以大格局、高屋建瓴地做事业。这四个字涵盖了中央大学在教育思想、科学精神、品格修养等各个方面的追求，陈家镛应该是深受影响的，在他一生的做事做人上，都能看到这四个字的影子。时至今日，"诚朴雄伟，励学敦行"，还是南京大学的校训。

图 2-3　国立中央大学校徽

国立中央大学在化学和化工方面的师资力量雄厚，高济宇[1]、杜长明[2]、李景晟[3]、张江树[4]、时钧[5]等大师都是在国内化学和化工领域的领军

---

[1]　高济宇（1902-2000），生于河南舞阳，有机化学家，中国科学院院士。早年获得伊利诺伊大学博士学位，回国后受聘于中央大学，曾任化学系主任、教务长等职。

[2]　杜长明（1902-1947），四川蒲江人，化学工程学家。早年获得麻省理工学院博士学位，回国后曾在安徽大学等校任教，1932年至1946年在中央大学任化工系主任。

[3]　李景晟（1906-1976），生于安徽舒城，有机及高分子化学家。

[4]　张江树（1898-1989），江苏常熟人，物理化学家。

[5]　时钧（1912-2005），生于江苏常熟，化学工程学家，中国科学院院士。

人物，并且他们都有赴美国知名学府的留学经历，把国际学术界最新的知识带到了国内的课堂教学中，并在指导学生的科学研究中也发挥了重要的作用。

在化学工程系的课程设置上，体现出近现代工程教育的基本模式，大一大二注重夯实基础知识和培养动手能力，大三大四偏重工业应用方面知识的学习。

翻开当时的课程安排表，可以看到大学一年级的主要课程，有基本国文、基本英文、微积分、普通物理、物理实验、普通化学、化学实验、三民主义；大二的主要课程，有定性分析、应用力学、有机化学、微分方程、机动学、化工概论、热工学、金工；大三的主要课程，有理论化学、德文、制纸工业、工业化学、电工学、工业分析、工业化学计算；大四的主要课程，有化学工程原理、化工热力学、油脂工业、机械设计、工业化学实验、化工机械实验、高压工程、国父实验计划。可以说，这是一套与国际接轨的人才培养计划，老师们对于学生遵循着严格要求、悉心栽培的原则。

性格沉稳、内敛的陈家镛能够引起教授们的关注，是因为他在学业上过人的天赋和刻苦勤奋让人印象深刻。陈家镛数理化的成绩比较好，绝大多数成绩在八十分以上，工程类课程的成绩基本都在九十分以上，特别是化学工程原理、工业化学、制纸工业、有机化学等成绩突出[①]。经过四年扎实的理论学习，陈家镛专业成绩名列前茅，顺利毕业。

东南大学校友总会在杜长明先生的介绍中有这样一段文字：

　　杜长明不负众望，接长系务后，相继开出适合该系需要的化工计算、化工原理及相关的选修课，其后又开设工业化学、传热学、化工机械等课程，使学生的专业知识水平大有提高。使学生通过毕业论文研究化工生产中的实际问题，成为培养学生解决问题能力的重要途径，杜长明自始即予以注意，即使在抗日战争时期极为艰苦的条件

---

① 这一段内容来自南京大学档案馆馆藏的"陈家镛学籍卡（成绩单）"。他的夫人刘蓉大学时期学籍卡也在采集过程中发现，复印件已于2012年交由陈家镛夫妇珍存。

下，也多方设法解决。例如，为了解决抗战后方物资供应紧张，他亲自主持涂料、锌白的试制与木材干馏的试验。为使生漆的干燥速度能加快，他让学生陈家镛在毕业论文中研究找出适用的催化剂或干燥剂等，使系内的教学与研究工作大有起色，蒸蒸日上，杜长明实乃中央大学化工系的主要奠基人，该系化学工程从此稳步发展。到二十世纪五十年代，在时钧教授主持下，遂成为较为完整的、现代化的以"三传"（传质、传

图 2-4　陈家镛在中央大学的
毕业照

热、动量传递）"一反"（化学反应工程学）为特征的全套化学工程理论教学体系。

陈家镛求真务实的钻研精神、谦虚宽厚的人格品质得到了高济宇教授、杜长明教授等诸位名师的赏识，从而得到了留校任教的机会；他先后在柏溪校区和沙坪坝校区担任化学系助教一职。

任助教的同时，陈家镛试制成功滴滴涕（DDT）的消息在国内的化学界引起了一定的反响。陈家镛回忆：

> 那个时候洋鬼子是不让中国人知道 DDT 是怎么制造的，也不告诉你合成的方法；如果你需要的话，就拿给你一点点，搞得很神秘的。

化学系主任高济宇毕业于美国的伊利诺伊大学，他希望打破 DDT 的神秘外衣，于是把这个研究课题交给了陈家镛。

滴滴涕（又名二二三）从英文缩写 DDT 音译而来，成分为双对氯苯基三氯乙烷（dichloro-diphenyl-trichloroethane），化学式（ClC_6H_4)$_2$CH(CCl_3)。它是白色晶体，不溶于水，溶于煤油，可制成乳剂，是有效的杀虫剂。

1935 年，瑞士化学家米勒（Paul Hermann Müller）在奇吉化学公司工作，进行杀虫剂的研究。其间他的胞妹从家乡来信说家乡又闹虫灾，这促使他加快了研究的步伐。他回忆起小时一位老人给他讲的中国有"以毒攻毒"的方法。在这一理念的启发下，他终于在 1938 年至 1939 年合成了 DDT，但也不知道实际使用效果如何。接着，他在实验室的老鼠身上试验，后来在蚊子、毛虫和虱子等身上实验，发现它们都会中毒甚至立即死亡，证明了 DDT 是一种高效杀虫剂。从此，DDT 就成为人类历史上第一个被大量使用的有机合成杀虫剂，并于 1942 年取得专利。不过，那时 DDT 的生产技术复杂，所以价格昂贵，还没有得到推广。在当时的中国，认为滴滴涕是一种很神秘的东西，加上有些外国厂商故弄玄虚，让国人感觉它的技术含量很高。高济宇教授就是在这样的背景之下，指导陈家镛进行相关研究工作的。

陈家镛没有辜负老师的信任，在国立中央大学的实验室里做出了 DDT。多年之后，陈家镛回忆这件事说：

> 实验室做出来，没有应用于生产，因为不值当，比进口还贵。扩大生产还要花很多的钱去研究，那个时候不是抗日战争的时候吗，就觉得国家的财政也很紧张，学校的财政也很紧张，就觉得好像不太方便继续下去了。

后经工艺改良，外国的 DDT 生产成本下降，自 1943 年起大量上市，接着就风靡一时。DDT 和原子弹、青霉素一起，被称为第二次世界大战中的"三大发明"。它几乎对所有的昆虫都非常有效。第二次世界大战期间，DDT 的使用范围迅速得到了扩大，在消灭由带菌蚊蝇传播的疟疾、痢疾等疾病方面大显身手，间接救治了很多生命，还带来了农作物的增产。几年之后，米勒也因为 DDT 的发明荣获 1948 年的诺贝尔生理学或医学奖。

但是由于滴滴涕对环境和生态也造成了巨大的破坏，而且短时间内无法修复，自二十世纪六十年代起，包括我国在内的许多国家都开始禁止或限制使用DDT等杀虫剂，这乃后话。

中央大学不乏优秀学生，陈家镛虽然不善言辞，但在科研工作上胆子非常大，具有创新意识，闯劲十足。他谦虚地总结：

> 其实不是因为我的技术能力比别人高多少，而是得益于我胆子够大，敢想敢做，所以才能取得一点点成绩。

DDT的故事恰巧印证了这一点，他凭着执着的精神在实验室试制成功后，虽没有能在工业上有所应用，但外国技术的神秘面纱被这个年轻人揭开了，系里师生也对陈家镛的科研水平和创新能力刮目相看。

收 获 爱 情

柏溪在沙坪坝北面约二十里，在嘉陵江东岸，原是一个只有二十来户人家的小山村。国立中央大学在那里征得约一百五十亩土地，创办了分校，可以容纳一千多名学生。那里丘陵起伏，环山临江，有茂密的树林，潺潺的流泉，自然环境很不错，是一个教学读书的好地方。分校整个校舍分布在一座山谷里较旷敞的地方，高高低低，一层一层，学生教职员宿舍、教室、实验室、图书馆、大操场、游泳池等，都安排在绿树掩映着的山谷平台间。当然，和今天的大学生一样，恋爱也是民国时期大学生们的一大"课程"。松林坡的鸳鸯道上情侣成双，男生宿舍最重要的话题之一是谈论女生，中渡口的牛肉面是约会女友的盛宴。

陈家镛毕业后有一段时间在这里担任助教，工作中结识了相伴一生的妻子，也是他的学生刘蓉。

1943年，刚刚留校任教的陈家镛遇到了刚刚入学的刘蓉，这位学生是他未来的人生伴侣，夫妻相濡以沫七十余载。这位知书达理的女孩从重庆

南开中学 [①] 考入国立中央大学化学系，这一年刘蓉刚满十八岁，陈家镛也才二十一岁，两人之间的缘分从师生开始。

那时的陈家镛是一位意气风发的年轻助教，刘蓉则是一名对大学满怀憧憬的新生，二人在柏溪相识相知，经过一段时间的接触，双方确立了恋爱关系。

晚年的刘蓉回忆这段往事时，脸上洋溢着少女般幸福的微笑：

> 那时吃完晚饭后，我俩经常到位于沙坪坝的重庆南开中学校园里散步，学校操场、林荫小径，都是我们边走边聊的地方。

刘蓉祖籍江苏武进，祖辈上出了不少大官，清乾隆朝内阁大学士刘墉，就是她的先人。听祖辈上说，她们家是刘墉第六个孩子这一脉传下来的。那时候刘家的家境还算宽裕，刘蓉的姐姐当时在私立南开大学读大三，南开大学被迫南撤时，刘蓉随姐姐搬到昆明的西南联大居住。后来昆明遭到日军的狂轰滥炸，人们吃饭住宿都成了问题，物资基本都靠缅甸的补给线供应，昆明初中的教育也处于停滞状态，刘蓉根本找不到合适的学校念书，在家里，哥哥姐姐就成了刘蓉的老师。因为她没上过初中，全是自学的，所以没有考上高中，只念了一个预备班，上了不到一年，日军轰炸昆明更加猛烈，重庆有防空洞，而昆明很少，所以在军事委员会后方勤务部工作的父亲刘松俦把子女带到了重庆。

起初，刘蓉是在重庆乡下念高一，后来通过刻苦努力学习，她直接考入了重庆南开中学的高二继续学业。完成高中的学业后，刘蓉本想到成都去念燕京大学或是到昆明念西南联大，当时她已经被燕京大学录取，但家中出了变故，哥哥在她高考那年去世了，她不愿离开父母，如果在重庆念书就能常回家看看，所以她放弃了最初的想法，选择留在重庆，在国立中央大学念书。正是这样的机缘巧合，一根红线把陈家镛和刘蓉联系在了一起，两个人在那个战火纷飞的年代相知相恋，共同进步。

---

① 重庆南开中学创建于 1936 年，是著名爱国教育家张伯苓先生创办的南开系列学校之一。南开学校肇始于天津。九一八事变后，华北形势危急。为了保证教育工作不因时局变化而中断，并实现将南开学校办到全国各地的理想，张伯苓校长决定在四川建中学，选址重庆沙坪坝。

筹 备 留 学

陈家镛和刘蓉在重庆一直待到 1946 年，暑假的时候随国立中央大学师生一起回迁南京。来到南京后，陈家镛开始筹划出国留学深造。

清代名士魏源在他编撰的《海国图志》的序中写道："师夷长技以制夷。"这一命题的提出，成为中国人走出国门走向世界的前奏。

经历了鸦片战争的失败，被迫签订了丧权辱国的《南京条约》，中国的知识阶层在反思中意识到，必须"睁眼看世界"，妄自尊大、闭关锁国，势必被现代文明所抛弃。1872 年，清政府派出三十名幼童，在近代中国留美第一人容闳的带领之下，由上海乘坐一艘由蒸汽驱动的新式轮船，赴美利坚合众国求学，从此拉开了中国近代留学教育史的序幕。

"求洋人擅长之技，而为中国自强之图。"抱着这样的理想，经历无数的坎坷，一批批走出国门的青年学子，到美国去，到欧洲去，到日本去……在第一批留美幼童中就有京张铁路总工程师詹天佑、清华大学第一任校长唐国安、北洋大学校长蔡绍基、第一任国民政府总理唐绍仪……

在中国近现代历史中，有过出国留学经历，并把所学奉献给祖国的风云人物数不胜数，他们绝大多数成了国家建设发展的栋梁之材，对中国社会的变迁产生了深远的影响，为国家建立了不可磨灭的功勋。那么，抱有"工业救国"理想的陈家镛选择走上留学之路，也是他人生中的一种必然。

陈家镛的系主任高济宇教授就是美国伊利诺伊大学的高才生，师从世界著名的有机化学家罗杰·亚当斯①教授，他愿意为陈家镛写一封推荐信。另一个原因是伊利诺伊大学是公立高校，学费比麻省理工学院、哈佛大学、耶鲁大学等私立名校低不少，化工专业是该校优势专业。在高济宇教授、李景晟教授等人的推荐下，陈家镛申请了伊利诺伊大学厄巴纳—香

---

① 罗杰·亚当斯（Roger Adams，1889-1971），生于美国波士顿，有机化学家，美国科学院院士，先后在哈佛大学和伊利诺伊大学任教，在有机化学研究和研究生教育方面硕果累累，为化学研究和化学工业发展培养了大批优秀人才。

槟分校。时任化学系主任的罗杰·亚当斯教授认为华人聪明上进、勤奋好学，非常喜欢中国学生，加之陈家镛的专业基础非常扎实，又有得意门生高济宇等人的推荐，所以对陈家镛留下了深刻印象，特别点名录取了这位年轻的中国学生。

联系好学校和导师，还要参加选拔考试。陈家镛没有辜负老师们的期望，在国民政府组织的公派留美考试中，通过层层选拔脱颖而出，得到了百里挑一的公派留学机会，那年国立中央大学只有两个幸运儿，陈家镛便是其中之一。

陈家镛的专业课考试是满分，英语成绩稍微逊色一些，但仍以较大优势获得公派留学的机会。出国前到美国大使馆面试，一位美国使馆官员拿出一篇英文文章交给陈家镛，当阅读完毕后，面试考官要他叙述这篇文章的主要内容及读后感。陈家镛用流利的英文基本阐明了文章大意并给予了适当评论，美国考官只说了一句话："你现在可以去美国了。"陈家镛的面试就这样顺利通过了。

陈家镛出国深造后一直与刘蓉保持着书信联系，广袤的太平洋阻隔不了两颗年轻的心彼此吸引，刘蓉在大学毕业后留校任教了一年半的时间，1948年也远赴重洋来到伊利诺伊大学营养系深造，两个相爱的人终于跨越山海重新团聚了。刘蓉本来申请的是生物化学专业，可是该专业导师刚好有一位中国女学生因无法完成学业而辍学，因而影响到了刘蓉的录取，以致导师婉拒了她的申请。陈家镛帮助她又联系了该校营养系，主要考虑到营养学专业与生物化学专业许多必修课大多是相同相近的，入校后再申请转系也方便些，所以刘蓉选择到伊利诺伊大学攻读营养学专业。因为那时正巧遇到美国西海岸港口工人大罢工，因此刘蓉放弃了之前乘船去美国的计划，陈家镛用申请到的四川省资助川籍留学生的助学金为她买了一张去美国的机票。

接下来，他们在远隔重洋的美国，继续书写自己的科学人生。

第三章
留学美国　心系祖国建设

　　陈家镛院士的 1990 届博士生、上海臻格生物技术有限公司赵瑾研究员在回忆导师的文章中写道：

　　1987 年秋天，通过了清华大学历史上唯一的一次暑假期间的研究生录取考试，我被推荐去中国科学院化工冶金研究所攻读硕士。模糊的印象中面试时有一屋子老师，现在只记得先生穿着蓝色的中山装，和蔼地问我最后一个问题："长大以后想干什么？"18 岁的我傻乎乎地回答："我妈说最好以后能接着读博士"。后来到了 1991 年夏天，我开始正式跟着先生攻读博士。

　　"长大以后想干什么"，这是中国孩子打从幼儿园起就会被问到的问题，小学、中学、大学，问题可能就变成了"请问你的理想是什么"。这个问题在今天的语境下已经蒙上了些许调侃的色彩，但是相信在 1987 年，提问的人和回答的人都是认真的、真诚的。陈家镛选择走上科学这条崎岖的道路，正是因为那是他的理想和抱负，是他想干的事。

成　家

1947 年，陈家镛告别师长和未婚妻刘蓉，独自一个人来到了美国的伊利诺伊州，入读伊利诺伊大学的厄巴纳—香槟分校（University of Illinois at Urbana-Champaign，缩写为 UIUC）。这所学校建立于 1867 年，坐落于美国伊利诺伊州南部安静幽雅的双子城——厄巴纳和香槟市。该校一直致力于卓越的研究、教学和公众参与，是美国"大十联盟"（Big Ten Conference）成员，是全美最优秀的工科大学之一，有"公立常春藤"的美誉。该校很多学科在全美乃至世界久负盛名，土木工程、计算机工程、电气工程、农业工程、环境工程、化学工程等学科在全美名列前茅。该校是最早接受中国留学生的几所美国大学之一，也是最多元化、国际化的大学之一。杰出的华人教授与校友有：竺可桢、钱崇澍[1]、李寿恒[2]、高济宇、华罗庚、严东生[3] 等。

伊利诺伊大学的厄巴纳—香槟分校在化学和化学工程方面底蕴深厚，陈家镛在这里如鱼得水，他尽情汲取知识的养分，不断挖掘自己的科研潜力，逐步提高自己的学术水平。刚入校时，化学化工系主任亚当斯教授安排他跟随斯万（Sherlock Swann）教授攻读硕士学位；斯万教授对勤勉好学的陈家镛非常满意。斯万教授虽然已经退休，但还有自己的课题，让陈家镛帮忙做些实验，在经济上给予一定扶助。

1948 年，刘蓉在陈家镛的安排下，坐飞机赶到了美国，一对分隔两地的情侣在大洋彼岸重又相聚。拥有共同的理想和真挚的爱情，两人既可以在学业上相互促进，亦可在情感上相互慰藉，陈家镛在异国他乡感受到了如家般的温暖。

---

① 钱崇澍（1883-1965），浙江海宁人，植物学家，中国科学院院士。
② 李寿恒（1898-1995），江苏宜兴人，化学工程学家。
③ 严东生（1918-2016），生于上海，籍贯浙江杭州，材料学家，中国科学院院士、中国工程院院士。

1948 年 12 月 23 日，陈家镛与刚到美国不久的刘蓉在伊利诺伊州的厄巴纳注册结婚。陈家镛攻读博士研究生的导师、化学系化工学科负责人约翰斯通（H. F. Johnston）教授参加并主持了婚礼，参加婚礼的同学朋友绝大部分是中国人，他们中许多人和陈家镛夫妇一样怀揣着科技报国的理想。

他们两人的婚礼是由房东帮忙操持的，一场简朴而热闹的结婚仪式就在房东家客厅里举行。

房东是一位老妇人，原籍是苏格兰，后来嫁到美国；她孙子也是伊利诺伊大学的学生，并且跟她住在一起，她外出一般都是孙子开车。

图 3-1　陈家镛和刘蓉在美国注册结婚

和大多数美国家庭所居住的房子一样，这所房子是独立二层小楼，外加一个阁楼，地下还有一层，门前有一大片草坪，种了许多芍药花。房东太太将原来放置取暖炉的半地下室进行了改造，把这套一室一厅、单独厨卫的房子租给了陈家镛和刘蓉。房东太太不喜欢酗酒吵闹的房客，因此对安分守己、作息规律的这对中国留学生夫妇感到很满意，收的房租也不贵。

陈家镛和刘蓉平时就是家和学校两点一线，回到家里收拾收拾就睡了，即使有朋友来做客也不吵闹。那时在美国留学的研究生有家室的不多，好客的陈家镛夫妇周末晚上经常邀请同学们来共进晚餐，炒几个菜、包点饺子，大家谈天说地，聊聊国内新闻时事。刘蓉做了拿手菜会给房东太太送去品尝，因此她们之间的关系相处得十分融洽，老妇人对中国留学生的印象很好。在众多"中国菜"中，她对刘蓉做的红烧鱼情有独钟，每次品尝过后都赞不绝口。

多 出 一 横

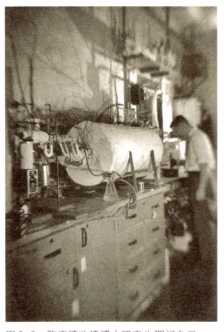

图 3-2　陈家镛攻读博士研究生期间自己组装的动力学研究的实验设备

刘蓉在生活上操心多一点，也会帮陈家镛做一点学业上的事情；她做的第一件与陈家镛学业有关的事，就是用打字机帮助陈家镛打印硕士论文。没承想，由于刘蓉的一念之差，在论文里多加了一笔：多画了一条短短的横线，让陈家镛的成绩由 A 变成 A-，帮了"倒忙"。在那之后几十年的日子里，每每提起来，刘蓉还免不了懊恼。事情是这样的：刘蓉在打字机上帮助陈家镛打一篇硕士实验报告，报告中有机化合物的碳是四条键：一个双键，两个单键；刘蓉看着还有空地，自作主张多画了一条，成五条键了，感觉看起来很美观；陈家镛也没有仔细检查就向导师提交了报告。刘蓉回忆说：

> 化学键是我用铅笔画上去的，我自作聪明，给他多画了一个键，画的时候没有多想一想，本来碳是四根，我出了第五根。

斯万教授疑惑地问陈家镛为什么会犯这么"低端"的错误，陈家镛无奈说出实情，导师也没责备他，只是打分的时候也多画了一条"键"（-）。虽然陈家镛有点冤枉，但是导师这个"恶作剧"式的教育方法，给陈家镛和刘蓉留下了深刻的印象；这件事警醒了陈家镛和刘蓉，也因此在他们漫长的科研和教学生涯中，对待工作始终秉承一丝不苟的精神，对待落在纸上的每一行文字、每一个符号，他们都是核对、再核对。

陈家镛1981年的硕士研究生毛在砂教授在回忆文章里写下了这样一段文字，描述了陈家镛对学生的论文字斟句酌的情形：

> 1981年秋，硕士论文答辩完成，陈先生的七个学生中五人（方兆珩、邓彤、刘后元、卢立柱和我）留所工作。那时改革开放也三四年了，与国外的科研合作和交流逐渐增多。陈先生要求我们都撰写英文论文，以便国际交流。美国有一个国际湿法冶金学术会议（3rd Int. Symp. Hydrometallurgy, Atlanta, USA, March 1983），陈先生让我写一个英文的详细摘要，这是我平生第一次写英文论文，只好凭英语课上学的那些词汇和语法硬着头皮来写。同学马兴华的父亲是资深工程师，家中有一台手动打字机，几十个字符键排列成一个半圆的那种，搬到所里来让大家打草稿。我也用这台机器把五页草稿打出来，然后请陈先生修改。陈先生改得很细，五页纸满篇都是红笔修改内容。差不多每一行都有修改，好些整行的句子都给划掉了。摘要还有第二次、第三次修改，之后论文全文的撰写和修改，先生下的功夫也就更多了。我也从这一次又一次的修改中学会很多知识，积累了经验，多年以后我也照着先生的样子修改别人的稿件。

多 面 手

陈家镛在中央大学期间收获了较全面的科研能力，绘图制图不属于他的专业范畴，但却是他的一技之长。当时伊利诺伊大学在诺伊斯化学实验楼（Noyes Laboratory of Chemistry）基础上增建的五层东化学附楼（East Chemistry Annex），设计图就出自陈家镛的手笔，负责此事的韦斯特曼（Drickmer Westman）教授对此非常满意，这应该算是陈家镛的一次"客串出演"。在校期间，陈家镛后来自己做实验也在这楼里；直到今天，这栋楼还在服务于伊大化学系的师生。

陈家镛的这一"功绩"在他的学生中间几近"神话"般流传。杨传芳，1992年陈家镛招收的博士后研究生，写下了这样一段文字：

> 陈先生这几年的健康状况不稳定，在他九十五周岁生日之前，我与太太特意驾车去了他获得博士学位的 UIUC，找到了他学习的地方 Noyes Laboratory，现在属于 Department of Chemical and Bimolecular Engineering of the School of Chemical Sciences of UIUC。这个系培养出了 GE 的前 CEO Jack Welch，而 Jack 手下的几个副手有的成了 Home Depot 的 CEO，有的成了 3M 和 Boeing 的 CEO，是美国最好的化工系之一。Noyes Laboratory 的 East Chemistry Annex 是陈先生做学生时帮助设计的。美国的大学都是开放的，我们将车停在一边，就直接进入了系楼。找到了系秘书 Star Murray 女士，说明了来意，说是请帮助查一下老系友 Jiayung Chen 博士。她一听陈先生快九十五岁了，二话没说，就开始查找，还就真的找到了。当时这个系还是化学系，陈先生学的是高分子工程，1953 年博士毕业，导师名字是 Johnstone，然后 Star 又拿了一堆系里的纪念品让我带给陈先生。后来我将这些纪念品给了陈先生的大女儿陈明，并做了附有 Noyes Lab 建筑和陈先生年轻时在美国的全家福的黑白照片的一个封胶明信片。陈明看到这个时很激动，我便知道我去 UIUC 寻找陈先生早年的足迹是值得的。

导师和课题

陈家镛的博士生导师是系里化工专业的负责人约翰斯通教授，教授本人学识渊博，一专多能，善于发掘学生的潜能。教授看到了这名中国留学生学习刻苦、做事认真，因此对他也非常器重。

在课题选定方面，斯通教授会主动跟学生商量，而不会按照他自己的主观愿望来指定课题研究方向。陈家镛对燃烧动力学研究感兴趣，希望把"碳（石墨）与空气及水的反应动力学"选为研究课题。约翰斯通教授出于安全考虑起初不太支持，而且当时系里在实验条件上也不能给予课题很好的支撑。但陈家镛表示一切科研设备都可以自己来设计制作，他对自己的动手能力充满了信心。结果，研究中所要用到的仪器仪表他都是亲自安装调试，他还快速、熟练地掌握了车工、钻孔、焊接等方面的技术，亲手加工出了实验装置……约翰斯通教授对自己这个来自遥远中国的弟子有了新的认识，而陈家镛用行动让导师改变了想法，教授最终同意了他选择的研究课题。

陈家镛设计、制作了一套很大的实验设备，大约占了半间实验室，每次实验产物最后都被 U 形管吸收，称一下最后一个管子的重量，就可以算出反应物产量。

有一次，约翰斯通教授看到刘蓉在实验室里帮忙称重量，可能因为她曾经擅作主张，给陈家镛的实验报告多画的那一条键，还在教授心里留有阴影，所以表示出担心；但在得知刘蓉原来在国内是做分析化学的，有一定工作基础，导师这才打消了疑虑。事实上，那多画一横的教训实在是太深刻了，在科学的道路上，细枝末节往往决定着最后的成败。

就这样，陈家镛不断在实验设备上取样，刘蓉不断地称重量，二人配合默契，为博士论文的撰写积累了大量翔实、准确的数据，导师对所取得的实验结果非常满意。

1952 年，陈家镛根据这一研究结果撰写的论文发表在美国的《工业和工程化学》（ *Industrial & Engineering Chemistry* ）上。[1]

1947 年 10 月 4 日，陈家镛来到伊利诺伊大学攻读研究生；1949 年 2 月 6 日，取得硕士学位；1951 年 6 月 17 日，取得博士学位。他用了不到四年的时间，完成了一般情况下需要七年完成的学业。

---

[1]　H.F. Johnstone、C.Y. Chen、Donald S. Scott：Kinetics of the Steam-Carbon Reaction in Porous Graphite Tubes。《工业和工程化学》，1952，44（7）：1564—1569。

图 3-3　陈家镛博士研究生成绩单

在研究生学习阶段，伊利诺伊大学非常重视夯实基础理论知识与培养工程实践能力，设置的必修课主要有：有机化学、高等物理化学、流体力学、热传递、应用电化学、化学工程、蒸馏、化工热力学、吸收与萃取、胶体与界面化学、过滤与分离、高等微积分、高等数学、经济平衡与工厂设计、玻璃吹制技术等。

陈家镛在学期间的各科成绩出类拔萃，29 门课程中有 26 门的成绩是 A，只有三门是 B，优秀率达 90%。[1]

刘蓉在伊利诺伊大学主修营养学专业，也顺利取得了硕士学位。

在伊利诺伊厄巴纳－香槟分校的日子，充满了许多美好的回忆。陈家镛和刘蓉作为伊利诺伊大学的优秀毕业生，于二十世纪八十年代末应湖南教育出版社邀请，编撰了一本介绍母校的书，名为《伊利诺大学》[2]，还入选《世界著名学府》丛书系列。

时任校长的埃肯伯瑞喜闻这本书即将在中国出版，特别发来贺信；本书的序言还引用了他一篇采访文章，名为《为建立最佳公立大学而努力》。他认为：

学校最强大的实力是长期以来作为一所很好的大学所形成的优良传统，这种实力有雄厚的贮备，使学校能面对顺境和逆境。

---

① 这一段内容来自陈家镛伊利诺伊大学成绩单，由陈家镛本人提供。成绩单下方有等级注解：A 为优秀（excellent），B 为良好（good），C 为一般（fair），D 为及格（poor，barely passing），E 为不及格（failure）。陈家镛博士生成绩单和组装实验设备的图片入选中国科协 2013 年在国家博物馆举办的"科学梦·中国梦——中国现代科学家主题展"。

② 伊利诺大学为原译法，现在普遍译为伊利诺伊大学。

作为此书作者的陈家镛和刘蓉，完全是义务劳动，没有领取一分钱稿费。能为培养了自己的这所优秀的大学做宣传，他们感到很荣幸。为使内容达到准确、全面，两位平时科研、教学、编审工作很忙的人，牺牲了个人的休息时间，花了两年光阴，完成了书稿撰写。刘蓉后来回忆写书过程中的一些细节：

> 书中人名的翻译，我跟编辑打了好几回仗。他建议用广东话的读音翻译，我说不行，要用普通话的音；粤语的音译读者看不懂。为这件事我们起码来回三封信，后来他接受了我的意见。

从中不难发现，在伊大留学的经历对他们的影响是多方面的，这种一丝不苟、严谨认真的治学风格和精神，贯穿他们的科学人生。

陈家镛和刘蓉在伊利诺伊大学的生活、学习比较顺利，他们的几位导师都是专心于做学问的人，并且都是在学术上多有建树，甚至是行业的领军人物。他们非常鼓励并支持学生们的独立思考和创新，为学生的科研工作营造一种自由、包容的氛围，形成平等和良性互动的师生关系；陈家镛自己深受其益，并且在后来的导师工作中，对自己的学生也是尊重、爱护、引导、帮助。

1990 年的博士研究生杨智发，当年在研究方向上与导师陈家镛有不同的想法，他回忆：

> 我是 1986 年 9 月到中科院化冶所做陈先生的博士生。陈先生让我去于淑秋研究员的组里做湿法冶金中除铁的研究。当时陈先生和于老师正在写一本湿法冶金中除铁研究的专著，让我去查文献并为此书写一篇文献综述，并且我的博士论文就会是这个课题。我花了几个月时间，查了许多文献，终于完成了文献综述，同时对这一领域也有了较多了解。
>
> 八十年代生物技术正在蓬勃兴起。年轻的我（当年二十四岁）也想赶赶"时髦"。我向陈先生提出不想做除铁，想做生物化工方面的

研究。陈先生听了我的想法后，有点惊讶，但没有生气，说他要想一想。几天后，陈先生把我叫到他的办公室，很郑重地告诉我，他生物方面的知识有限，如果我一定要转到生物化工领域，他对我的帮助将会有限，希望我做好思想准备，并建议我多去北大、清华选一些生物工程方面的课程。不久，陈先生又告诉我，中科院前不久组织人考察了一些大企业，其中包括华北制药厂。华北制药厂当时是远东地区最大的抗生素生产厂，也是中国的龙头企业，他让我看看能否和华药合作。陈先生对我的支持和指导让我非常兴奋。

从 1987 年到现在，三十多年里，无论是在中国、德国，还是美国；在研究所、大学，还是在世界一流的企业里，我一直都从事于生物化工方面的研究、开发和生产，也取得了一点点让自己有成就感的成绩。

陈先生的指导和帮助改变了我的人生轨迹，陈先生的大度、开明、谦逊，以及对科学的严谨态度对我的人生及价值观有很大的影响，这么多年来我也一直努力尽自己的微薄之力去影响或帮助一些年轻人。

陈家镛 1988 年的博士生毛慧华，用清晰、凝练的语言为我们勾画了导师的人物形象：

对科学的热爱和孜孜不倦的追求精神；开放和创新的理念；认真和严谨的治学态度；实事求是和脚踏实地的工作作风；积极和乐观的心态；谦虚、平易近人、热情和包容的个人风格。

心 系 祖 国

留学大洋彼岸，陈家镛在科学知识、科研能力、科学态度等方面获得长足进步，同时也贡献着自己的才华，然而对故乡的思念也与日俱增。遥想大洋彼岸饱经苦难的祖国，他把为国奉献的初心化为日常学习、工作的动力。他们夫妇二人积极参加1949年初由侯祥麟[①]等留学生在美国组织成立的"留美中国科学工作者协会"（Association of Chinese Scientific Workers in U.S.A.）的活动，那是他们了解祖国情况的一个窗口。华罗庚

图3-4　陈家镛博士毕业时与妻子在校园合影留念（1951年7月）

作为伊利诺伊大学数学系的访问教授，具体负责这所大学"留美科协"的工作。

说起"留美科协"这个组织，在中国近代史和中国科学技术史上都留下了深深的烙印。1944年，中国共产党中央委员会已经预见到抗战胜利的曙光即将来临，开始为新中国的建设积聚力量。在战争的废墟上建设国家，离不开科技的支撑；为了建立中国共产党自己的科技队伍，就需要培养、团结一大批科技人才，特别是青年科技人才。周恩来同志指示派遣一批技术干部到国外学习，同时向海外留学生宣传中国共产党的治国理政主张。1938年加入中国共产党的侯祥麟，就是在这样的背景之下，于1944年赴美留学的。

侯祥麟在拿到了化工学博士学位的同时，也把进步思想带到了留美的学生中。他和几个在美国的中共地下党员成立了"留美中国科学工作者协会"，积极组织爱国留学生加入社团活动，介绍国内形势。"留美科协"中先后有三百多名科学家和学者回到祖国，其中有不少成为新中国科学事业的开创者。陈家镛和刘蓉就是活跃其中的积极参与者，这个组织主要是邀

---

① 侯祥麟（1912-2008），生于广东汕头，化学工程学家，中国科学院院士、中国工程院院士。

请专家做专题报告，召集座谈会交流思想，畅谈国内局势和国际形势，组织夏令营等活动，总之那里就是中国留学生一个温暖的家。

此外，还有其他爱国学生团体活跃在全美，先进思想在学生群体中传播，这些组织的活动内容多以时政学习交流和文体娱乐为主，活动形式以暑期夏令营年会为主，以寒假冬令会等为辅。

博士后的气溶胶研究

由于在反应动力学方面取得的成绩，1951 年 4 月至 1952 年 9 月，麻省理工学院（MIT）邀请陈家镛去做博士后。与伊利诺伊大学相比，麻省理工学院的工资相对比较低，尤其是第一年，随后也会逐年提高。陈家镛考虑的是学校的专业背景能够增长自己的才能，自己日后回国能更好地服务祖国，所以没有因为报酬低而放弃这一工作机会。

麻省理工学院的博士后研究是在伊利诺伊大学博士研究的基础上进行的，主要从事 $C+CO_2 \rightarrow 2CO$ 反应动力学研究。一年半以后，导师约翰斯通教授得到"用纤维层过滤气溶胶"的研究课题资助，出于对陈家镛全面扎实的学术功底和踏实肯干的科研作风的欣赏，于是又邀请他回伊利诺伊大学化学系任研究副手，博士后期间主要负责这个项目，研究工作一直做到 1954 年 6 月。

"气溶胶"一词随着科学家们用它解释病毒传播的路径，被大众所熟知，同时它在大气环境治理中也时常被提及。

气溶胶是固态或液态微粒分散并悬浮在气体介质中形成的微细颗粒。气溶胶受到温度、湿度、光照等气象因素及物理化学因素的影响，在空气中存活的时间不同、其传播距离视环境条件而不同。

"用纤维层过滤气溶胶"的研究中，搞清楚气溶胶粒子的大小是关键。陈家镛通过实验证实了前人的假设：最难过滤气溶胶粒子的大小是个变量；他根据研究结果首次提出了：难过滤气溶胶粒子的大小与操作参数有关，并非如过去认为的是一个常数；他还从理论上对前人提出的过滤理论及通过滤层的压降等有新的修正与发展。1955 年，陈家镛的部分研究结果"Filtration of aerosols by fibrous media"在美国《化学评论》杂志上发表（*Chemical Reviews*，55：595-623）后，引起了学术界重视。

陈家镛和约翰斯通教授研究结果起初受到过质疑，原因是同行们认为气溶胶的颗粒是均匀的，但当他们经过反复实验验证，结果证明气溶胶的颗粒是不均匀的时候，陈家镛的研究成果得到学术界的广泛认可，论文被译成多种文字，被认为是那个时期气溶胶过滤领域工作的总结，其中观点被广泛引用，文中提出的计算公式一直沿用至今，曾被美国化学会评选为化学化工领域五十年以来最杰出的论文之一。

这篇文章只署有陈家镛一个人的名字，这是约翰斯通教授的主意，目的是为了培养和提携年轻人。为使陈家镛和刘蓉的生活能富裕一些，约翰斯通教授付给陈家镛的报酬比在麻省理工学院时增加了 50%。

六十年代初，中国人民解放军防化学院的研究人员研究防化面具的过滤问题，把陈家镛的论文从俄文翻译过来时，惊奇地发现作者已经回国，就在中国科学院化工冶金研究所工作。后来，陈家镛一直受邀担任防化研究院的顾问和硕士研究生导师。

杨传芳于 2002 年在美国工程院院士、明尼苏达大学卡斯勒（Edward L. Cussler）教授实验室从事研究。得知自己的学生在中国曾师从陈家镛先生时，卡斯勒感到非常荣幸。杨传芳讲述了自己的一次经历：

　　我进入 Minneapolis 的一家国际公司 Donaldson，开展过滤与分离方面的研发工作。工作中，偶然发现陈先生 1953 年发表在《化学评论》上的一篇文章，是有关气溶胶过滤的理论模型总结与陈氏理论的建立，而这个公司正是以做空气过滤起家的，因此马上与同事分享，并自豪地对他们说，这个文章的唯一作者就是我在北京的博士后导师，他们都感到很惊讶。

如今在气溶胶领域和空气净化领域，陈家镛的名字被国际上许多顶尖科学家所熟知，尽管他个人的研究方向在以后的日子里几经调整。

杜邦工作　喜得千金

博士后出站之际，陈家镛又面临人生的另一个重要抉择，他不想留校教书，而打算去企业工作，想更好地了解工业生产的过程，毕竟科研教学与工业生产是两回事。更重要的是他考虑回国后要面对的实践问题比较多，因此陈家镛选择离开伊利诺伊大学到杜邦公司去工作。

杜邦公司当时派人力资源的负责人来面试，学习成绩和专业背景让公司向这位来自中国的年轻学者抛出了橄榄枝，拿出化学公司两个下属单位的工作机会供陈家镛选择：一家坐落于北部的布法罗（Buffalo），主要从事薄膜研究；另一家坐落于南部的威廉姆斯维尔（Williamsville），主要从事火药研究。两家单位都对陈家镛非常感兴趣，面洽后都给出了优厚的薪资待遇；薄膜部约克斯（Yerkes）研究所的负责人更是亲自写信邀请，表示该研究所对陈家镛未来的人生规划和职业发展更有利。陈家镛被这封信字里行间透露出的诚意所打动，从厄巴纳启程前往布法罗。

夫妻二人在美国考了驾照，陈家镛的驾驶技术还不错，刘蓉偶尔开车。因为布法罗地理位置特殊，隔尼亚加拉河与加拿大遥遥相望，所以冬季寒冷多雪。夫妻俩记得，1954 年至 1955 年冬天的雪尤其大，积雪很深，陈家镛每天特意从租住处开着车接上沿路的同事一起去研究所，刘蓉则在家做好贤内助，对丈夫的科研工作百分百地信任和支持。

在约克斯研究所，陈家镛身为研究工程师，参加了"对苯二甲酸二乙基聚酯的连续聚合过程的研究"。在工作中他引用当时刚刚起步的化学反应工程学的一些概念，对该聚合反应速度的控制因素提出了新的看法，并用以解释各种情况下不同的聚合结果，并预言聚合结果仍可大大加快。

他提出的实验设计，得到了另一位同事的实验证明，改变了对该聚合过程的许多强化办法，引发了业界的重视[1]。因此，陈家镛关于聚合反应速度的研究结果在改进优化生产流程方面发挥了重要作用，使原来只能小批量生产的流程改为可以连续生产的流水线，这样既节约了

图 3-5　陈家镛夫妇与两个女儿在美国照的全家福（1955 年）

生产成本，又提高了工作效率，使得企业能够获得更多的经济效益。

杜邦公司（DuPont Company）是一家以科研为基础的全球性企业，成立于1802年，起初杜邦是一家主要生产火药的公司。一百多年前，业务重心转向全球的化学制品、材料和能源。杜邦公司历来重视研究开发，拥有多项专利和重大发明，发展成为世界上最具创新能力的公司之一。陈家镛曾经工作过的薄膜研究所就是杜邦公司旗下重要的研究机构，目前薄膜技术研究仍是杜邦公司重点关注的研究领域之一。

1952年至1955年期间，正是陈家镛科研工作有所成就的时候，他们夫妇俩迎来了两位家庭新成员——大女儿陈明和小女儿陈安，两个可爱乖巧女儿是他们的掌上明珠，给这个家庭带来了更多的欢声笑语，一家人的生活其乐融融。那时他们租的房子是一套两室一厅一厨一卫的公寓房，房

---

① 《何梁何利奖》。科学出版社，1996年。

租不算高。陈家镛和刘蓉的两个女儿聪明伶俐，从小就很爱动手动脑，夫妇俩从不溺爱孩子，而是有意识培养她们独立的思考和实践能力，锻炼她们的生活自理能力，让姐妹俩在宽松愉快的环境下健康成长。改革开放后，两个女儿分别前往美国伊利诺伊大学攻读硕士、博士学位，毕业后在美国的科技企业工作。

等待时机　报效祖国

在布法罗的日子里，陈家镛除了工作之外，想得最多的是如何尽快积累有用的知识回国效力。上世纪五十年代初期，曾参加他们婚礼的朋友中已有人回到了阔别已久的祖国，祖国的消息时刻牵动着陈家镛和刘蓉的赤子之心。

当时美国政府对待中国留学生回国的态度摇摆不定，随着冷战的兴起，移民局经常调查、限制中国留学生的自由；抗美援朝战争爆发后，美国政府颁布了正式的司法文件，明确禁止学理工农医的中国留学生回国，同时出台了《中国地区援助法案》修正案，允许中国留学生留在美国工作，甚至允许一部分留在美国的中国留学生从学生身份转为永久居民。无奈之下，陈家镛等青年科学家只能先在美国工作，积累实践经验，掌握世界领先的科学技术和工业化经验，时刻等待回国报效的机会。

1956 年，中美两国政府达成相关协议，中国留学生的归国之路开启。与此同时，周恩来总理又代表党中央发出了希望海外学者归国的号召。柯家骏对陈家镛回国前后的情况是了解的：

当时周恩来总理就号召美国学成的留学生，祖国热烈欢迎他们回来参加建设，陈家镛先生跟刘蓉女士非常高兴，就提出来要回国，但是这次美国政府又无理阻挠，借口说他两个女儿是在美国出生的，没有入境证，以这个为由不同意他回国。所以逼迫之下，陈家镛先生直接给我们的政务院留学生回国管理处写信，询问入境证以及回国有关事宜。

询问回国参加祖国建设事宜的信件，连同时任教育部留学生处领导的黄新民给他们的回信，陈家镛夫妇已经捐赠给了位于北京东直门的中国华侨历史博物馆收藏。黄新民在回信中写道：

> 中华人民共和国欢迎你及所有中国留学生回到自己的祖国，参加建设工作，为人民服务。你们可以由任何地方进入国境，根本不需要入境证。但你们如携带任何足以说明你们留学生身份的文件，则更能享受到许多便利。

祖国热烈地欢迎游子归家，让陈家镛一家感到无比温暖，也坚定了他们回国的决心。可就在他们起程前的傍晚，家里却闯入了不速之客。美国联邦调查局的所谓的调查员，借到他家访问之名，以挑衅的口气来进行盘问，问陈家镛是不是接触了美国的国家机密，要带什么东西回中国，为什么要回到共产党中国去。一系列挑衅性的盘问，陈家镛和刘蓉坦然地逐条回应，严正表明态度和决心：他没有在美国从事机密的技术研究，此番全家一同回国。

1956 年 10 月，一批旅美科学家乘船借道香港回到祖国怀抱。陈家镛一家四口从布法罗先到了美国西海岸的旧金山，乘坐威尔逊总统号轮船驶往香港，但香港不允许登岸，他们是在海上转乘小船后在罗湖桥入关，随后到了广州休整几天办手续。与陈家镛一家人同船回国的有郭慕孙[①]一家和杨嘉墀[②]一家，他们到北京后都选择到中国科学院工作，三家人成为中关村

[①] 郭慕孙（1920-2012），生于湖北汉阳，籍贯广东潮州，化学工程学家，中国科学院院士，中国科学院过程工程研究所名誉所长。

[②] 杨嘉墀（1919-2006），江苏吴江人，空间自动控制学家，中国科学院院士。

特楼[①]的邻居。郭慕孙与陈家镛选择到中国科学院化工冶金研究所工作，杨嘉墀则到中国科学院自动化研究所工作。在广州办完手续后，他们几家人坐火车到了上海，因为都有居住在上海的长辈，在那里停留十几天后，他们来到了北京，被安排到前门附近的永安饭店暂时居住。

之所以选择到中国科学院化工冶金研究所工作，陈家镛在《怀念热爱祖国的工程技术专家叶渚沛》一文中作了比较详细地记述。

上世纪四十年代，国民政府在以陪都重庆为中心的大后方开办了一些规模不太大的工厂，陈家镛当时还在中央大学念书，许多工科专业的学生都知道有一位归国华侨叶渚沛先生，是綦江电化冶炼厂[②]的总经理，也是重庆化龙桥炼铜厂的厂长，大家都以毕业后能进入这两个工厂工作为荣。这两个工厂为中国培养了一大批冶金专家，可以说这是叶先生对国家工业化的一个重大贡献。

1956 年 8 月，在乘船离开美国回国的前两天，陈家镛收到一封叶先生从祖国寄来的关乎其后来学术生涯的信件，虽然二人从未谋面，但信中邀请陈家镛回国后到正在筹办的中国科学院化工冶金研究所工作，作为学术带头人开展除尘方面的研究。在北京永安饭店会面时，叶先生希望陈家镛发挥在美国研究的专业优势，到研究所开展冶金反应动力学工作。当时在陈家镛心中有两个谜：一个是虽久闻叶先生的大名，但从未谋面，为何邀请自己去工作；二是化工与冶金虽同属过程工业，但自己从未涉及冶金工业，需要花很多时间学习，才能开展科研工作。陈家镛和郭慕孙回国后，侯德榜[③]先生安排化学工业部王法生同志陪同，前往国内化工实力雄厚的高等学府和科研院所以及一些新建的化工企业实地参观调研，主要包括中国

---

① 上世纪五十年代初，中国科学院选址中关村，作为科研发展基地，除建设一批科研大楼做相关研究所使用外，还配套建设了数十栋住宅楼，作为科研人员起居之用。其中，在原中关村大道（即现北四环半地下隧道段）北侧，中关村北一街以西，中关村第二小学以东区域，建起一批高研楼供高级研究人员居住，当以 13、14、15 号楼内部条件和外部环境最好，以安置海外归来的著名学者和在国内自然和人文各学科领域的知名科学家居住，被人称作"特楼"。

② 今重庆冶炼（集团）有限责任公司。

③ 侯德榜（1890-1974），福建闽侯人，化工专家，中国科学院院士。

科学院石油研究所[①]、上海化工研究院[②]、南化公司[③]等单位，主要走了大连、沈阳、上海、南京等地方，最后他们二人都选择加入叶先生筹办的中国科学院化工冶金研究所工作。陈家镛认为，叶渚沛先生高度爱国，全身心投入研究工作，以发展国家科学技术为己任，勤勤恳恳、待人和善，在他的领导下工作，可以为祖国的科技现代化贡献更多力量。

---

① 现中国科学院大连化学物理研究所。

② 现上海化工研究院有限公司，创建于 1956 年，原隶属于化学工业部，是我国首批重点化学工业研究院，1999 年由事业单位转制为科技型企业，隶属于上海市国有资产管理委员会。

③ 南化公司前身是近代著名爱国实业家范旭东先生始创于 1934 年的永利化学工业公司铔厂。2005 年，与南京化工厂重组合并成立新的南化公司，是中国石化集团全资子公司。

第四章
回国奉献　创建湿法冶金

怀着赤子之心的陈家镛回到祖国后，与同船回国的郭慕孙不约而同地选择了到叶渚沛先生正在筹建的中国科学院化工冶金研究所工作。作为享誉世界的冶金学家，叶先生高瞻远瞩地提出了利用化工原理强化冶金过程的理念，年轻有为的陈家镛被委以重任，负责湿法冶金室的工作。对于大学和研究生阶段主修化学工程的陈家镛来说，这是一个前所未有的挑战，他通过自身的不懈努力钻研新领域，变身成为一位杰出的湿法冶金专家，为解决我国有色金属的战略难题做出了卓越的贡献。

叶渚沛建所　选育良材

叶渚沛（1902—1971）[①]是享誉世界的冶金学家，曾先后受聘于联合国

---

① 叶渚沛（1902-1971），祖籍福建厦门，生于菲律宾，冶金学家，中国科学院化工冶金研究所首任所长，中国科学院院士。他先后毕业于美国科罗拉多矿业大学、芝加哥大学、宾夕法尼亚州立大学，获得冶金物理化学博士学位。先后在美国中央合金钢公司、联合碳化物研究所、机器翻砂公司等任职。1933年回国，历任南京国民政府资源委员会冶金室主任、重庆炼钢厂厂长、电化冶炼厂总经理。1944年去欧美考察，曾在联合国教科文组织等任重要职务。1950年在周恩来总理直接关怀下回到祖国，曾任重工业部顾问、中国科学院学术秘书，1955年当选为中国科学院学部委员（院士），1958年任中国科学院化工冶金研究所所长。

的教科文组织任科学组副组长以及经济事务部任经济事务官，当时的科学组组长是著有《中国科学技术史》的英国近代生物化学家、科学技术史专家李约瑟博士。1950 年回国后一直在寻求施展抱负和才华的机会。1953 年 1 月 25 日，他在致毛泽东主席的信中写道[1]：

> 请您给我一个研究机构，使我能有机会做有系统的研究发展重工业的方法。人民政府对我的生活关怀备至，给我舒适的居住地方和优厚的工资，但这些不是我生命中最需要的东西，我最需要的是一个研究工业方法的机会，从而对目前我国工业化有所贡献。

1955 年是我国第一个五年计划的第三年，国民经济已由恢复期进入到稳步发展时期，工业化急需科学技术的支持，叶渚沛为建立一个专业研究所而奔波多年的努力终于有眉目了。他于 9 月来到中关村着手化工冶金研究所筹建准备工作，并撰写了《筹建化工冶金研究所初步方案》，特别强调"化工冶金研究所的建立将能符合于国家工业建设的需要，同时亦将符合于科学发展的趋势"。经中国科学院院务会议研究，同意成立化工冶金研究所筹备处，并且确定了化工冶金研究所的主要任务是应用化学工程原理和技术强化冶金过程，探索新的化工冶金过程，发展新型化工冶金设备。筹备处办公地点借用中关村化学所大楼五层几间办公室，叶渚沛在这里为即将成立的研究所广揽英才。不久从美国回国报效的郭慕孙、陈家镛等几位青年科学家，报到后也在筹备处工作。

1956 年 8 月 7 日，中国科学院副院长张劲夫、技术科学部主任严济慈[2]、化工冶金研究所所长叶渚沛与冶金工业部办公厅主任袁宝华、生产技术司司长霍世章等就筹建科学研究用十五立方米高炉问题座谈，达成一致意见后报送国务院。经国务院副总理李富春、国家科委主任聂荣臻等领导

---

[1]《继承化工冶金，发展过程工程：中国科学院过程工程研究所建所 50 周年纪念册》。未刊稿，2008 年，第 135 页。

[2] 严济慈（1901-1996），生于浙江东阳，物理学家，中国科学院院士。

图 4-1　化工冶金研究所职工合影（1965 年。前排右四为所长叶渚沛、右五为党委书记王力方、右三为郭慕孙、左四为陈家镛）

批准，国家拨给中国科学院三百万元，在石景山钢铁公司[①]建立"中国科学院化工冶金研究所实验高炉"（即石钢〇一八车间）。同年年底时，全所职工人数达到一百五十人，郭慕孙、陈家镛这两位叶渚沛选中的优秀青年科学家也分别组织团队投入到各项紧张的筹备工作之中。郭慕孙采用化工中的流态化技术应用于低品位金属矿的冶炼，而陈家镛负责将湿法冶金技术用于难选复杂矿的冶炼，为我国化工冶金学科的创建发展注入了新动力。

　　1957 年，化工冶金研究所筹备工作接近尾声。叶渚沛在《化工冶金研究所的方向任务》报告中阐述了化学工程发展和冶金过程的关系，提出了自己的学术思想[②]：

　　　　化学工业同冶金工业本来没有理由把它们对立起来分析，它们的过程都包含着下面四个现象：①动量的传递；②热能的传递；③物质

[①]　现首钢集团。
[②]　《继承化工冶金，发展过程工程：中国科学院过程工程研究所建所五十周年纪念册》。未刊稿，2008 年，第 136 页。

的传递；④化学变化。……化学工程学的原理、观点和方法同样可以用在研究旧的和新的冶金过程。

他的这一学术观点可以概括为"三传一反"，为改造传统冶金过程和创造新的冶金工艺指明了方向，并为化工冶金研究所的创建和发展提供了理论基础。

1958年9月26日，根据（58）院厅秘字388号《中国科学院通告正式成立化工冶金研究所》的批复，经中国科学院第十一次院务常务会议审议通过，化工冶金研究所筹备阶段工作结束，正式批准成立化工冶金研究所。叶渚沛任所长，孙卓先任党委书记。建立之初，化工冶金研究所主要设有炼铁、炼钢、流态化、湿法冶金四个研究室，当年全所职工已经达到五百余人，其中陈家镛领导的湿法冶金室（亦称四室）有职工四十六人，主要科研人员还有杨守志、夏光祥、苏立民、舒代萱、秦瑞云、李若兰、林祖康、尤彩真、杨舒元等，他们均为大学毕业生，其中有三人是党员。

2012年适逢叶渚沛先生诞辰一百一十周年，陈家镛在《回忆热爱祖国的工程技术专家叶渚沛》一文中，追忆了和叶先生一起工作的难忘而又愉快的经历[1]：

　　我在1956年底参加化工冶金研究所工作后，叶先生想将第二次世界大战中开展起来的湿法冶金技术用到处理我国许多金属含量很低，用传统方法难以经济地处理的矿藏。比如当时已开始建设、采用苏联专家建议流程处理的云南东川汤丹铜矿，从一些实验结果看，这个流程不可能达到开采这个矿的目的，建成后金属回收率很低，并不会带来任何经济效益。叶先生建议考虑用湿法冶金方法处理该矿，并要陈家镛同许多年轻同志一起进行这项工作。由于这些青年同志不怕条件困难，长期在现场困难条件下工作，废寝忘食、长途跋涉，与现场同志一起，努力工作，为我国湿法冶金的工业化取得了许多经验和

---

① 中国科学院过程工程研究所：《叶渚沛文集》。科学出版社，2012年，第338页。

知识，并培养了大量干部和技术工人，使湿法冶金技术在我国得到很快的发展。这是叶渚沛院士早期提出的一个正确看法，后来在我国开花结果。

陈家镛在纪念文章中表示对叶先生过早离世表示十分遗憾，他动情地写道[1]：

> 仍常想起即使在当时唯一的公休日（星期日），也经常看到叶先生提着他的旧皮包，慢慢地从他居家的北区15号楼，走到化工冶金研究所内他的办公室，去研究学术问题。值得告慰叶先生在天之灵的是他倡导的许多新技术，如转炉取代平炉炼钢、连铸成材、湿法冶金提取有色及稀有金属等新技术，在改革开放的今天，都已在我国工业上得到广泛采用。

跨专业投身湿法冶金

陈家镛在国立中央大学主修的是化工专业，他的物理化学老师是张江树先生。张先生在新中国成立后曾编辑出版了一本《物理化学》，被高等院校作为教材一直使用到1960年。同年，高校物理化学教科书才翻译了一套苏联教材，但也没有作为高校教学用书，只是用作参考教科书。陈家镛的化工原理教师是化工界泰斗时钧先生，他培养的学生中有十多位两院院士，陈家镛、闵恩泽[2]、陆婉珍[3]等都是他的得意门生。陈家镛大学毕业

---

[1] 中国科学院过程工程研究所：《叶渚沛文集》。科学出版社，2012年，第338页。

[2] 闵恩泽（1924-2016），生于四川成都，石油化工专家，中国科学院院士、中国工程院院士。

[3] 陆婉珍（1924-2015），生于天津，籍贯上海，分析化学家，中国科学院院士。

后，任化学系助教前后约四年时间。他利用业余时间旁听了数学系和物理系的课程，进行了系统的学习，打下了扎实的理论基础。在美国学习期间，伊利诺伊大学的导师见陈家镛的有机化学功底很好，曾安排他从事过一段时间有机化学方面的研究。陈家镛博士毕业后去杜邦化学公司工作，也接触到部分有机合成方面的研究内容。他一直在积累对祖国建设有用的知识和技能。

回国后，陈家镛时刻关注化学工程学科前沿发展。上世纪五六十年代，国际上化工领域的研究发展迅速，比较突出的是传递过程原理与化学反应工程学这一新兴学科的形成与发展。其重要标志是列文斯比尔（O. Levenspiel）的专著《化学反应工程学》（*Chemical Reaction Engineering*）一书的问世，但当时国内化工界尚无明显的反应。陈家镛是国内较早从事这方面研究的先锋者，曾准备组织人手翻译《化学反应工程学》这本书，但由于种种原因翻译计划被迫搁浅。

1956年，叶渚沛所长安排刚回国的陈家镛从事湿法冶金方面的研究。这对化学化工出身的陈家镛来说是具有极大挑战性的一次科研方向转变。1957年我国的钢产量才一千万吨，为了解决国家对钢铁的紧迫需求，1958年在全国掀起了"大炼钢铁"运动。全国城市、农村都土法上马，砌了小高炉，可以说是"村村点火，处处冒烟"。但真正炼出来的也就是普通碳钢，质量也不是太好，这样起初轰轰烈烈的全民大炼钢铁运动最后也就无声无息了。经历这次运动，大家才深刻认识到要把国家的钢铁产业搞上去，要靠基础工业建设。

叶渚沛所长对于化工冶金研究所科研方向的安排是：一室炼铁，二室炼钢，三室流态化，四室湿法冶金。他认为在铁矿中含有多种金属，除炼出钢铁外，铁矿渣中含有更具回收价值的有用金属，采用湿法冶金有

图4-2　陈家镛陪同英国物理学家、世界和平理事会副主席约翰·贝尔纳教授参观研究所（1959年）

可能实现"一举两得"。同时，有色金属、稀土金属也可以采用湿法冶金实现绿色过程。湿法冶金室的科研方向非常明确，而且叶先生对学成回国踌躇满志的陈家镛寄予了厚望，力推他带领一批年轻科技工作者首先在我国开展湿法冶金学科研究并得到逐步发展壮大。

从1956年到1958年，陈家镛在这两年间的压力非常大，他后来自己曾感叹道："不懂火法冶金，根本无法开展湿法冶金。"大家虽然当时已经起步湿法冶金研究，但几年以后才真正理解了这句话背后的深刻含义。陈家镛首先从我国矿产资源调查入手，力图做到对我国都有哪些金属矿以及具体分布做到心中有数。但当时针对我国矿产资源分布的全国地质普查正在进行，所以对陈家镛来说参考资料并不齐备。"选准方向，勇往直前"，是陈家镛的人生信条。他一方面研读商务印书馆出版的《矿物通论》，对于矿物的组成进行了系统性的学习归纳；一方面充分利用当时的物理检测实验室，使用现代化仪器设备，如电镜、金相等进行矿物鉴定。陈家镛通过理论学习和具体实践相结合，对我国的有色金属矿石进行了潜心研究。后来与湿法冶金室的科技人员讨论工作时，每当提到某种矿石的特征，陈家镛就会详细地讲解该矿石的性质及可能含有的金属，侃侃道来，深入浅出，大家听后都感觉受益匪浅。

1958年那时候，查文献都是靠人工进行查阅。为了提高效率，陈家镛专门让木工做了一个卡片箱，将金属元素按照金、银、铜、铁、锡等分类，把所有查到的有用信息都仔细记录在小卡片上。在"文化大革命"中，陈家镛被赶出办公室，卡片箱被造反派扔出窗外。四室工作人员见状后，觉得那是陈先生多年的心血，就把箱子从化工冶金研究

图4-3 陈家镛请所里木匠做的文献卡片箱（1958年）

所大楼①搬到了红楼②湿法冶金中试车间。红楼地方很大，犄角旮旯便于隐藏，这才得以保存下来。直到1973年，化工冶金研究拨乱反正，中国科学院重新对化工冶金研究所的科研方向进行调整，湿法冶金室又重新规划走上正轨，而此时承载着历史记忆的卡片箱才又重新被搬回应该发挥作用的地方。陈家镛的办公室设在化工冶金研究所大楼的104房间，虽然面积不大，但办公桌、书柜、沙发、茶几等紧凑有序摆放，他珍爱的卡片箱就一直放在进门的显眼位置。九十岁之前，陈家镛还坚持每周来所里两三次，整理一下信件报刊，与学生们交流科研工作，或者参加研究所的一些重要活动。2012年4月搬至过程大厦③的新办公室后，陈家镛也来看过他的这些"老伙计"。原来的文献卡片箱及存放文件的柜子依然摆放在门口的位置，尽管"饱经沧桑"，但一直保存完好，里面珍藏着许多珍贵的档案资料，而每一张卡片上都记载着一段难忘的科研经历。目前，这些承载记忆的老物件都在中国科学院绿色过程与工程实验室精心保存着。

陈家镛专业兴趣广泛，在那段时间还对选矿技术进行了认真研究。选矿技术是以物理、化学等学科为基础的一门综合技术。由于选矿室的工作在有色金属和钢铁行业中非常重要，化工冶金研究所刚成立时即成立了选矿室，叶渚沛所长1958年培养的在职研究生柯家骏就是选矿室的主要工作人员。出于对陈家镛的信任与器重，叶所长让陈家镛具体指导柯家骏的研究生论文实验，即针对全国金属矿产资源含硫较普遍的特点，开展湿法冶金课题研究。

---

① 此楼1958年建成，研究所一直使用至2012年，同年移交电工研究所。

② 红楼，化工冶金研究所三室、四室中试基地，用红砖建成，通常被称作"红楼"。

③ 过程大厦于2008年开工建设，2010年竣工投入使用，2012年初陈家镛院士办公室所有家具、书籍、资料等搬至该楼的新办公室。

新思路巧妙学科融合

　　陈家镛知识渊博，善于将热力学、化学反应动力学、化学工程、数学、有机化学等多学科的知识融会贯通于湿法冶金的研究工作之中。

　　由于陈家镛的物理化学功底雄厚，因此开始研究冶金时在热力学上下了很大功夫。他一直强调：在开展研究工作前，一定要尽量多查找热力学的数据，多进行必要的相关计算；如果通过热力学计算已经判断反应不可能发生，那么盲目地去做实验是不会取得好结果的。陈家镛教育大家要认真学习热力学知识，研究热力学在化工方面应用的典型事例，从而不断提高科学实验的成功概率。我国有丰富的共生矿资源，它们大多含有"贵重"的有价元素，如钒、钛、铌、镍、钴、稀土等，如何分别将这些有价元素提取出来，是综合利用复杂共生矿的重要课题。其中一个案例是，湿法冶金室对云南墨江镍矿进行综合利用研究时，在陈家镛的指导下，夏光祥等科研人员查阅文献，提出了先对墨江镍矿进行还原焙烧、而后通过氨浸提取镍的方案，但因经费原因，只进行了一些前期研究。陈家镛帮助夏光祥等人进行热力学分析：首先还原焙烧时使用 CO，将 Ni 的氧化物还原为金属态，该过程的决定环节是炉温和 CO/CO_2 压力比；而热力学分析描绘的平衡相图清楚地分析出炉温应选择 570℃、CO/CO_2 压力比应小于 1。

　　化工冶金研究所较早就开始了化学反应动力学的研究。在布置研究工作时，陈家镛经常提醒大家要注意的一件事情就是：任何反应都有一个重要问题，即反应速度问题；一个反应可以进行，但反应时间无限长就根本没有意义，而化学反应动力学是研究和关注的关键。在 1958 年开展的"氧化铜硫酸化焙烧动力学"研究项目，在学术上属于基础理论研究，但目的是要解决湖北大冶铁矿含铜成分的提取方法。经过两年的实践，陈家镛具体指导夏光祥取得了满意的研究结果，并用数学方法分析数据，得出了科学的结论。

　　还有一个突出的事例，充分反映了陈家镛对化学反应动力学研究的重视，那就是与清华大学汪家鼎[①]教授合作，对湿法冶金浸取反应器管式高压釜流动采用数学模型方法，用较为先进的瞬时测量，对取得的数据用数值计算方法进行归纳，从理论上对化学工程反应器进行深入究明。1962年，陈家镛与汪家鼎进行了热烈讨论，决定用 δ - 脉冲法以 NaCl 溶液作为示踪剂，自制电导测量电极做实验。同时，委托仪表组自制自动记录仪，把使用电极的电导仪所测量的信号经放大后，直接自动记录。仪表组经过攻关，制成了自动记录电导仪。通过将脉冲用的示踪剂 NaCl 溶液用气动法瞬时打入管釜入口，在反应器的出口处用电极随时测量电导变化值。清华大学化工系派了两名学生，由杨守志亲自带着做实验。由于当时没有计算机，实验结果都是手工计算。研究结果表明：管式高压釜内流体可以分为三部分，即进口的湍流区—空气混合区、层流区—返混较弱的管式流动区以及出口的湍流区—完全混合区。流动状态和三个混合区的大小随流体流速的大小而变化。

陈家镛在国立中央大学化学系担任助教时，曾完整旁听数学系课程，夯实了自己的数学基本功。他总是主张大家要把数学运用到实际工作中，而不只是做点实验，画出几条曲线，随后进行适当解释。他认为数学可以用于表达事物内在联系。陈家镛对东川中间试验工厂浸取、过滤、蒸馏的系统按工程实验进行了设计。实验完成后，他用数学公式推演出各因素之间的内在关系，这种数学模型方法使大家对整个实验过程一目了然，进而提高了对研究工作的科学认识，也一直指导和深深影响着以后的科研工作。

陈家镛有机化学功底深厚，出乎意料的是化工冶金研究所安排他的研究方向是湿法冶金，但是他勇挑重担，将不同学科的知识融会贯通，把有机化学知识巧妙地应用于湿法冶金的萃取工作中，并按四个方向指导实验工作：一是合成出理想的新萃取剂；二是应用新萃取剂进行萃取化学研究；三是将取得的萃取化学研究结果应用于实际生产，攻克国家亟须解决的重大问题；四是为技术应用推广和产业化研制萃取设备。当时我国化工生产

---

① 汪家鼎（1919–2009），生于重庆，化学工程专家，中国科学院院士。

急需的许多设备都要靠进口，不仅买仪器、买设备、买整套生产线，甚至化肥、尼龙生产及石油炼制的整个厂子都是从国外引入的。陈家镛认为，外国不可能把最新的技术卖给我们，引入的不少设备是人家已经确定要淘汰的；如果照此下去，其结果就是永远跟在外国人后面，更不用提赶上或超过世界先进水平了。因此，他带领团队开始了"一槽一釜"的创造性研制工作。

"一槽一釜"助力尾矿新生

在湿法冶金中，各个生产环节都离不开化学工程的基本原理，所以可把化学工程中的成果应用于解决湿法冶金中的关键问题。湿法冶金中的矿石，为了提高浸取时的浸出率，首先需要把大块矿石破碎球磨成细粉，这正是化工中破碎的环节，用颚式破碎机、球磨机即可解决。矿粉浸取时用搅拌槽，搅拌桨叶形式、功率消耗，化工有专门章节进行论述。其他如蒸馏、吸收、萃取，都是成熟的化工单元操作技术。

空气搅拌槽

1960 年，陈家镛查阅文献时看到一篇关于用空气搅拌代替机械搅拌方法的报道，于是当即决定开展空气搅拌反应器的研制工作。这种空气搅拌反应器，英文名为 pachuca tank，在国内亦称为巴槽或气提式反应器。其结构原理主要是采用一个直筒反应器，在筒内中心竖直一个中心管，在反应器底部有一个进气的喷嘴；当反应器内充满水时，从底部进气喷嘴吹入的空气会沿着中心管向上快速上升，带动了中心管内的液体从底部移到上部，而中心管外部液体向中心管底部补充，从而形成内部流体循环。陈家镛亲自组织和主持了这一研制工作，设计制造了多种不同直径的中心管，并且就中心管尺寸、喷嘴尺寸、进气量等开展了大量的相关实验，得到了很多的基础技术数据，而这时的陈家镛思考的是如何应用。

云南东川铜矿①的尾矿用湿法冶金提铜，即原矿开采出来经过浮选后的铜精矿送去火法冶炼，而将剩下的尾矿采用氨浸方法提铜。由于部分原矿为硫化铜，不能直接氨浸，化工冶金研究所的科研人员采用通入空气的方法，首先对这些硫化铜中的硫进行氧化，再用氨浸方法提铜，从而显著提高了铜的回收率，实验室小试取得了满意结果。陈家镛的想法是用空气搅拌方法代替机械搅拌，在东川原矿提铜工艺上应用。他为此立即组织力量对空气搅拌槽进行研制，并对东川铜矿尾矿矿粉按浸取条件进行了实际样品实验。随后，研发团队在研究所红楼中试车间，研制并安装了五个内径为二百毫米、高两米的空气搅拌槽，按阶梯由高向低排列，进行了热模实际浸出东川原矿实验，证实了与小试结果相近的浸出效果。

在上述化工冶金研究所的实验室实验和红楼中试基地试验获得成功的基础上，东川矿务局黄水箐②试验所中试车间按照陈家镛研发团队的方案进行了放大建设，使用自主研发的空气搅拌槽，顺利重现了对东川原矿氨浸提铜的效果。同时，新的问题出现了：五个槽都要从底部打入高压空气，气体用量过大。能否节约高压空气，减少空气压缩机功率？在东川铜矿黄水箐中试车间现场，年轻的技术人员董颖华提出，将五个空气搅拌槽重叠起来组成一个塔式设备，用气量则可以减少很多，降低能耗，同时试剂的挥发量也可以下降许多；相应量浸取剂中氨的浓度即可维持较小的变化，从而保证了较高的浸取率。想法很好，可是技术上能否实现，大家都没有把握。当时查阅了国内外有关资料，也无任何收获。后来经回北京向陈家镛汇报，得到了他的有力支持，使现场的科研人员、技术人员和施工人员信心大增。随后陈家镛安排毛卓雄在中关村化工冶金研究所内协助进行冷模型实验，并且根据实验结果完成了其本人的研究生毕业论文。过了一段时间，杨守志终于在俄文杂志《有色金属》上看到了苏联人发表的类似研究结果，进一步增强了大家攻坚克难的信心。苏联人的下料管安装在外部，但是会发生矿浆的沉淀堵塞。东川铜矿的中试则是把溢流管放入塔

---

① 云南东川是我国重要的铜矿产区之一，后文有较详细介绍。
② 黄水箐位于昆明市东川区西部的汤丹镇。

内，有效地解决了堵塞问题。在进一步的试验中，科技人员摸清了塔式设备的结构条件和涉及空气、水、矿浆等流体的操作条件，为新型空气搅拌槽的设计提供了可靠的技术依据。

为了进一步究明空气搅拌槽中心管的提升量与进气量的关系，在陈家镛的指导下，科技人员对实验设备加以改进，把中心管提升的液体与槽体隔离，单独取出中心管流出的液体进行计量，顺利解决了中心管提升量测试方法，建立的数学模型阐明了中心管直径、提升量与气体之间的关系，研究取得了预期的结果。在研究中，范正把圆筒型空气搅拌槽剖成两半，设计为二维床，用矿浆作为二维床的流动相，揭示了矿石颗粒在底部形成的条件，观察到了形成的锥形底部形成"假底"的形状，提出了减少假底颗粒堆积的措施。

1964年，东川铜矿汤丹矿区原矿的加压氨浸日处理十吨中试通过云南冶金局的技术鉴定后，决定建立日处理一百吨的第二阶段扩大中试，其中的氨浸加压高温浸取设备即采用多层空气搅拌槽，内径为四百毫米，高十米，共分五层。最后整个系统在上世纪七十年代初建成投产，随之进行的东川汤丹原矿直接氨浸的联动试验取得成功。其中，多层空气搅拌槽因为是在高温、高压下进行的气—液（矿浆）三相逆流操作，需要很好的操控技术。在这个方面，东川的技术人员吴晟工程师、王炳道技师贡献突出。

管式高压釜

1960年初，在陈家镛的指导下，化工冶金研究所的科研人员在国内率先开展了加压湿法冶金用于氨浸连续流动型管式高压釜反应工程学研究，并且在东川铜矿进行应用实践。

最初的基础性研究分为如下两个方面。

一是建立了有机玻璃的管式高压釜模型，采用红墨水作为示踪剂在入口处用脉冲注入，观察流体流动及混合的情况，从而获得流体流动及混合的直观认识，以及随流体流速变化的规律。

二是在有机玻璃制模型中液体流动的情况下，利用刺激—响应技术，采用 NaCl 溶液作为示踪剂，在入口处脉冲注入，即所谓 δ 函数示踪法。然后在出口处用本所自制的铂电导探头，实时记录出口电导率的变化，在此基础上获得了示踪剂的停留时间分布曲线。基于这些停留时间分布曲线的形状，结合化学反应工程学理论，可以判断反应器的性能、与理想反应器（指搅拌槽为完全混合型，返混最大；而细长的管道反应器为活塞流反应器，返混最小）的差别有多大，以及改进其性能的方向。

上述模型实证所取得的结果，主要是测定了不同流速下该反应器的停留时间分布曲线，但由于当时还不具备计算机的数据处理能力，尚未建立反应器内流体流动的数学模型。不过试验发现，立管式高压釜内部的流动状况基本可以认为由三个流区组成，即上部入口由于流体喷射的作用，形成一个较大的湍流区，再往下则为一个大的层流区，最后在底部出口附近由于流体的收缩而形成较小的湍流区。理论上推论，反应器的模型是由一个较大的完全混合区，连接一个体积更大、具有返混的活塞流区（约占总体积一半以上），最后再联一个较小的完全混合区来构成。以上三个区域的大小，随流体速度的大小而略有变化，流速越高，则完全混合区的体积也越大。

在东川汤丹氧化铜矿加压湿法冶金的研究中，陈家镛选择的反应器类似于拜尔法 [①] 湿法生产氧化铝使用的管式高压釜，它具有结构简单、容易加工、流动性好等特点。在中关村中试车间的冷态流动试验以及热态初步浸取试验，与实验室高压釜的小试浸取结果一致，确认了多级串联的管式高压釜可以用作理想的东川汤丹矿湿法冶金核心的高压浸出反应器，取得了预期的效果。

对一个浸取反应器来说，若欲取得高的浸取率，其流型应该是活塞流（平推式）反应器，同时也必须进行强烈搅拌，以增强其浸取（液固间的反应）反应的速度及转化率，但因此作为该反应器的流动性质的重要指标——"返混"就愈加强烈。"返混"是指反应物在流动路径上的反应程度逐渐增大，但可能出现反应程度不同的物料间的混合。这降低了反应的推

---

① 拜尔法是一种工业上广泛使用的从铝土矿生产氧化铝的化工过程。

动力,是不利的因素。欲减小返混,重要的措施就是采取多个反应器串联操作。串联的级数越多,返混被抑制的效果越好。通常的反应器,机械搅拌槽内返混最大,细长的管道反应器返混较小,如果内部再添加构件或挡板,则可减小返混。拜尔法管式高压釜属于中等返混程度的管式反应器,通常串联的级数在五级以上,即可取得较理想的效果(即可达到活塞流型的效果)。

若欲探明一个反应器的性能,则应对该反应器进行化学反应工程学的研究。具体来说就是要对该反应器建立流体流动、相间传递和化学反应的数学模型,通过数值方法求解此代数方程或微分方程构成的联立方程组,预测反应器的流动和反应性能,对该模型进行准确性验证后,可以反应器模拟为工具对反应器进行优化,得出反应器的最优结构、参数及操作条件。

1960年初,东川汤丹氧化铜矿湿法冶金的研究已进入中试阶段。由北京有色金属研究设计总院设计、日处理十吨矿石的加压氨浸湿法冶金中试工厂在东川矿务局黄水箐试验所建成并投入试验。最初使用的原料是汤丹氧化铜矿浮选后的低品位尾矿,含铜约0.25%,其中的铜基本上是难选的氧化铜矿物,如孔雀石。虽然在矿石中嵌布极细,但是在加压、高温(大于120℃)条件下能够在氨性溶液中溶解,取得满意的浸取效果,试验获得成功!

按照东川矿务局原来的处理办法,第一步是处理尾矿,第二步是处理原矿。而陈家镛领导的东川汤丹难选氧化铜矿湿法冶金的研究,原矿与尾矿处理方式相差不大,省去了浮选选矿流程,将两步合二为一一步到位,则流程更为经济合理。关键问题是采用氨性溶液浸取原矿的同时,必须在氧化气氛下进行。在中关村化工冶金研究所内稍早进行的高压釜浸取试验中,证实了只要在加压条件下通入压缩空气,即可使矿石中的硫化铜被浸出,从而可获得大于80%的转化率。因此,在东川黄水箐中试车间转入处理汤丹原矿的工艺中,添加了五台气升式空气搅拌高压槽,并且安排苏立民专门负责这部分设备的试验工作。总体来说进展顺利,浸取氧化效果也令人满意。但是也发现了一些问题,例如五台空气搅拌高压槽的压缩空气用量较大，能耗偏高，另外一个难题则是由于空气量大而引起作为试剂的氨气挥发量加大，会导致浸取液中氨浓度下降，从而减低铜的浸取率。后来在陈家镛的支持下，技术人员将五个空气搅拌槽重叠起来组成一个塔式装置解决了上述难题。

受叶渚沛"用化学工程的观点和方法来改进冶炼过程和设备"学术思想的熏陶，陈家镛巧妙地将化学基础理论、化学工程的新方法与高温冶金的成熟技术相结合，坚持"敢为天下先"的信念，成功地开拓了我国湿法冶金的创新之路。陈家镛与同事们将科研工作与国民经济中的重大课题紧密结合，开展云南东川难选氧化铜矿等矿产资源的湿法冶金研究，开发了一批技术先进的湿法冶金新工艺和新流程，不仅为化工冶金研究所以及全国的一些研究机构、厂矿企业培养了大批该领域的技术骨干，也为后来的学科研究开创了新的方向。

第五章
湿法冶金　满足重大需求

冶金的历史源远流长，其中传统粗放的火法冶金占有举足轻重的地位。但是，随着矿产资源品位的降低，更加绿色环境友好的湿法冶金应运而生。陈家镛作为我国湿法冶金的开拓者和奠基人，回国后立即投入了相关研究工作，毅然承担了云南东川尾矿湿法冶金提铜的科研任务，后来又在东川建立了国内第一个中试工厂，从实验到放大再到生产，一个个难题不请自来，艰苦条件下的"大智慧"让他带领团队攻坚克难取得成功，时至今日该技术仍在工业化运用。同时，为满足我国在国防和经济建设方面的重大战略需求，陈家镛在铀矿提取、复合粉末制备和溶剂萃取技术等方面，也取得了一系列重要的科研成果。

火法湿法因矿而异。冶金作为一门古老技术拥有几千年的发展史，最早人们使用石器作为工具，后来会制造陶器作蒸煮用具。在中国历史上的商殷时代，大约在公元前十七世纪，大量出土的文物表明人类已大量使用青铜，因此被称为"青铜时代"。铁比铜的应用稍晚一些，公元前十三世纪铁器的应用在埃及已占一定比例，通常认为这是人类进入了"铁器时代"的开端。中国在春秋战国之际（公元前七世纪）已经能够提取铜、铁、锡、铅、汞、金、银七种常用金属。

火法冶金又称高温冶金，是提取纯金属最古老、最常用的方法。火法冶金是在高温下对矿石进行还原、氧化熔炼等反应制取金属和合金的过程，其流程包括原料准备、熔炼和精炼过程等主要工序。而二十世纪兴起的湿法冶金则是典型的化工与冶金相结合的一门学科，湿法冶金是利用溶剂的化学作用，在溶液中进行氧化、还原、中和、水解、置换及配位等反应，对不同原料、中间产物或二次再生资源中的有价金属进行分离、富集和提取的冶金过程。随着矿石品位的不断降低和对环境保护的要求日趋严格，湿法冶金在有色金属、稀有金属及贵金属的冶炼过程中占有重要地位。特别是对复杂、低品位矿石资源的开发与利用，有价金属的综合回收与再生，以及对环境友好的冶炼过程方面，更显示其优越性。

古代的湿法冶金技术，在中国可以追溯到北宋时期用胆铜法生产铜，在《宋史·艺文志》中就有《浸铜要略》的介绍。现代的湿法冶金技术自第二次世界大战起发展迅速。

"点石成金"破东川难题

云南产铜由来已久。作为代表滇文化的青铜器，以其独特的艺术造型、丰富多彩的表现内容和独具匠心的表现形式闻名于世。昆明有一个名胜古迹，名叫金殿。金殿原为道教圣地，建筑中除一般殿宇外，在高山上用三百吨黄铜浇铸了一个殿堂，里面供奉了五个铜浇铸的立体神仙，而且在五个神仙外面都贴了纯金金箔，白天有太阳时，在光线下发出金色光芒。在殿堂外的展馆之中有一个展示东川古代提铜的立体模型群，既是火法炼铜生产过程的展示，从一个侧面生动地体现了云南炼铜业历史及文化的丰富内涵，向人们展现了滇地祖先的聪明智慧，特别彰显了东川铜文化在我国源远流长的冶金历史及文化中的特殊地位和重要贡献。

东川位于昆明市东北部，面积一千八百多平方公里，其中以因民、落雪、汤丹为主要矿区。东川铜矿采冶历史悠久，早在东汉初年就有采矿活动，到明末清初采冶已具相当规模，清朝乾隆年间可谓鼎盛时期。

1949 年新中国成立以来，我国有关部门组织开展了大规模的勘探工作。1951 年东川矿务局筹备处成立，1953 年开始了大规模的地质勘探。经过广泛深入的勘探，仅汤丹、落雪、因民三处矿区，矿石储量约一亿四千万吨，平均品位 0.96%Cu，纯金属铜约一百九十六万吨。东川是单金属矿，浮选性良好，能满足火法冶炼要求。因此，东川浮选后的铜精矿送至昆明冶炼厂。浮选后的矿石称为尾矿，东川尾矿含铜为 0.25%，氧化原矿中 85% 的铜仍留在尾矿中。如果建一个年产五万吨的铜厂，它所产生的尾矿就含两万吨铜。当时选矿厂最大的难题就是如何利用藏有如此巨大铜资源的尾矿，使其真正变废为宝，将原矿石"吃干榨净"。

化工冶金研究所从 1956 开始筹建。就在当时正在紧张进行的前期筹备工作中，冶金工业部决定由化工冶金研究所来解决东川尾矿的提铜问题。陈家镛回国来所工作后，根据所长叶渚沛的安排领导湿法冶金室的工作并参加东川任务。从此，他带领同事们就东川尾矿提铜课题开展了一系列卓有成效的研究与应用。

陈家镛遇到的是前所未有的考验，因为当时能够处理大量含铜极低尾矿的工厂在世界上没有先例。怎样破解这一世界性的冶金难题摆在了年轻的陈家镛面前。一个大型矿场，如果每年采矿五百万吨，那么每小时需要处理尾矿六百吨。当时世界上普遍采用氨法提铜的工厂技术落后、设备陈旧，对新中国来讲根本不适宜引进和使用。由于铜矿浸取是在密闭的卧式釜中进行，还需要对含有大量水的尾矿进行脱水，国内当时的客观条件无法制造。在既无技术又无设备的情况下，只能采用常温常压条件，使铜矿石的浸取率低、浸取时间长。虽然无论从技术角度还是从经济角度看，都存在着很多难题亟待破解，陈家镛没有被困难吓倒，迎难而上。他对东川汤丹尾矿的性质进行了认真细致的分析，认为不能采用酸性溶剂，因为东川没有黄铁矿资源，所以无法在当地制造和生产硫酸。由于尾矿中的铜主要是以盐基性碳酸铜及氧化铜的存在形式为主，采用氨及碳酸铵的溶液浸取是可行的。另外，常温常压下浸取过程的速度极为缓慢，必须改进。因此，陈家镛提出了以下分步方案：首先，采用氨和碳酸铵为浸取剂；其次，采用高温、高压的浸取方法来处理东川尾矿；随后，浸取后的尾矿经固液分离后，从浸取液中提铜。陈家镛通过分析，认为用氨法回收尾矿中铜的流程，可以分为四个工段：一是矿浆制备；二是浸取；三是洗涤；四是蒸氨。当时成立不久的湿法冶金组只有八个人，加上外单位来所实习两人，由陈家镛总负责，杨守志为业务秘书。他部署同事们从这四个工段开始进行分组实验，分工合作，在当时简陋的科研条件情况下，坚持不懈地开展了一系列研究工作。

研究所实验室小型实验

实验物料是东川矿务局选矿实验室寄来的十五公斤试料以及冶金工业部矿冶研究院根据 1956 年东川矿务局选矿室提供的原矿，在实验室条件制备的汤丹尾矿。陈家镛决定将实验分为常温常压浸取和高温高压浸取两种方式进行。由于文献检索未找到直接相关的资料，所以首先进行热力学分析，搞清楚汤丹尾矿中 $Cu(OH)_2$ 部分的溶解度是多少；然后进行了动力学分析，了解关于该过程的反应速度。在常温、常压实验中，使用氨及碳酸铵混合溶剂就反应时间、反应温度、试剂浓度、搅拌速度及液固比等进行了实验。另外，使用当时仅有的两升和五升高压釜，又在高温、加压条件下进行浸取实验，按照各种不同的实验条件开展了一系列相关实验。通过对比常温、常压与高温、高压条件下的浸取结果，发现温度对浸取率的影响最大：只有在 100℃ 以上时，浸取率方可达到 80% 以上。

随后进行的是从铜氨溶液中回收氧化铜实验。使用蒸汽将铜氨溶液蒸馏，直至蓝色褪去，便可以得到黑色氧化铜沉淀。实验结果表明，浸取后的铜氨溶液经蒸馏后，氨可以回收利用。在实验室小型实验的基础上，陈家镛提出了较为完整的氨浸法回收尾矿中铜的流程，并且得出下列论点：①采用氨及碳酸氢铵液，在常温、常压条件下可以浸出尾矿中一半左右的铜；而在高温、高压条件下可以浸铜达 80% 以上，例如在 150℃、二十个大气压时可浸出铜达 90% 以上。②小型沉降实验证明：尾矿极易沉降，含水量在 20% 至 40%。吸附实验表明：尾矿上吸附极少量的氨及铜离子。③对小型实验结果经过流程分析表明，设计一个每年处理五百万吨尾矿的工厂，每年可回收一万吨的铜氧化物。与此同时，还对该方案进行了对投入产出分析，证明经济上可行。

陈家镛建议以东川矿务局为主，由各参与单位分工协作，在东川建立一座湿法冶金中试工厂，借此可以扩大建议的工艺流程试验并收集相关数据，为设计大厂时提供相应的基础参考数据。同时，化工冶金研究所应尽快建立一个建议的生产型浸取器的十分之一模型，以便经模型试验后进一步修改浸取器的设计。他认为，应用湿法冶金于东川尾矿处理，不仅仅局限于尾矿，还应该在原矿提铜上发挥作用。此外，老炉渣即历朝历代积累的火法炉渣以及在东川建立冶炼厂后产生的含铜约 0.5% 的炉渣也可以应用，所以中试车间还可以发挥更大的研发和生产作用。1958 年陈家镛就在东川因民硫化氧化矿就氨法浸取提铜开展了相关研究工作，证明加压氨浸取可使回收率达 90% 以上。化工冶金研究所在 1958 年 8 月 30 日向冶金工业部提交了《东川尾矿湿法提铜实验报告及初步流程设计》，并于 10 月 1 日将研究成果向中国科学院报喜。

红楼中试小型冷模实验

中间试验是科研成果转移转化的重要环节，也是将实验室成果通过工程放大，应用于工业生产的至关重要的一步。陈家镛带头开展的东川尾矿实验室小型实验取得了圆满结果，接下来就是如何中试放大、进而为实现工业生产进行铺垫的问题。在建设东川中试车间之前，化工冶金研究所必须将该过程中可能遇到的关键问题一一破解，才能保证研究任务的顺利推进。陈家镛带领同事们在红楼中试基地夜以继日地开展小规模中间试验，面对接二连三出现的问题，大家齐心协力，最终克服了重重困难，取得了预期的成果。

陈家镛原来设计的是使用机械搅拌高压釜，但当时国内制造高压机械搅拌釜是一大难题，而且搅拌釜轴的密封还没有攻克，进行小型实验的两台高压机械搅拌釜均为进口。如何选择可用于生产的设备是一个关键问题。经综合考虑多方面因素后，他最终选用了管式高压釜。管式高压釜外筒为一个直管，进口处和出口处均开在顶部。在出口下方安装了一个导管伸入釜底，当尾矿与溶剂混合后进入高压釜时，首先在顶部进行扩散，而后流动到底部又进行收缩，这样就代替了机械搅拌釜。最终，管式高压釜成了筹建东川中试车间在浸取工序中的关键设备。1958年当时国内使用的不锈钢只能依靠进口，而且规格也很少。北京有色冶金设计研究总院根据国内制造业情况，参照拜尔法压煮器为东川铜矿设计了管式高压釜。

管式高压釜的设计方案出来以后，所有的科研人员都没有见过这样的设备。陈家镛与大家经过深入讨论，决定按照化工系统的研究思路，先做冷模流动试验进行验证。1959年，国内玻璃工业已能够制造出较长的绿色耐酸玻璃管，于是请上海的玻璃厂截了一段一米长、内径为一百毫米的玻璃管，按图纸加工了一个立式的管式反应器。实验可以做了，陈家镛安排先做水的流动实验。通过水的流动，测量出反应器进口压力与出口压力，两个端口的压力差就是水流动时在管式高压釜中的压力降，由此可以推算出，若将更多的管式高压釜串联起来，需要多大的动力才能够保证管式高压釜内流体的流动。

如何能够观察到管式高压釜内流体的流动状态？使用玻璃管的话又很难打洞，当时能想到的最好办法就是做一个有机玻璃模型。1959年时，我国只能从苏联进口一些有机玻璃板，大家对此都不甚了解。由于陈家镛在美国杜邦化学公司约克斯薄膜研究所工作了四年，对此有一定的了解。他给大家简要介绍了有机玻璃的性质，即在120—140℃可以加热软化，因此可以加工成为圆筒或其他形状。于是，大家"照葫芦画瓢"，按照火法冶炼铸管道的方法，做成阴模和阳模，再将有机玻璃板放入120℃烘箱中加热，终于将有机玻璃管子做出来了。但是，新的问题接踵而来，有机玻璃之间的接口是一条长缝，虽然相互之间对好了，但不知道怎样黏合在一起。陈家镛为此又去翻阅文献，发现用二氯乙烷或氯仿作为黏合剂，就可把两块有机玻璃板很好地互相黏合。陈家镛亲自带领同事们付诸实施，在化工冶金研究所成功制作了第一个有机玻璃管式反应器，既可以观察，还可以在反应器上打洞开口，观察与实验一举两得，大家喜笑颜开，高兴得不得了。

有机玻璃的管式反应器做好之后，在反应器适当的高度打了洞，并且用细玻璃管伸入反应器内，然后将高锰酸钾溶液作为示踪剂易于观察，连续进行水流动实验。通过对管式反应器水流动实验的观察，发现在模型内部流动分为三个区：反应器顶部入口处，水流是向下冲动的细长条湍流区，而且这一湍流区向四周逐步扩大，一直扩大到管壁；反应器中部水流平缓；当进入底部连接到出口的导管口附近时，水流速加快，发生收缩，同时高锰酸钾红色示踪剂也显示急骤收缩，奔向导管而沿导管流出反应器。由此得出结论：在管式高压釜中存在着扩散型搅拌，而且当流体进入底部导管时，又重新进行了强力搅拌混合，具有在连续流动生产中应用的可能性。

在完成以水作为介质的流动实验后，陈家镛进一步安排了实际矿样的模拟实验。实验以东川尾矿为试料，按浸出条件进行流动实验。首先把东川尾矿矿粉按固液比 1 : 1 进行流动，测量进出口压力降，并沿着管式反应器各高度的取样口，迅速连续取出矿浆样品，测量固体含量，同时重点观察矿浆中固体颗粒的粒度变化情况。经过八小时的长时间运转，发现最佳停留时间为一分钟。如果想让矿浆停留时间变长而降低矿浆在釜中的流速，那么矿浆粗颗粒就会滞留并积累，也会在底部逐渐沉积，并且容易堵塞底部导管。综合以上的分析实验结果，陈家镛认为通过流动实验证明了将管式高压釜应用于生产是可行的，于是就确定了耐高温、高压的管式高压釜设计方案。

陈家镛考虑到在高温湿法冶金生产中，所有矿浆的输送都是用动力输送，用泵作为动力把矿浆从一处输送到另一处，而在管道中矿浆能否正常流动是一个必须关注的问题，也就是要解决化工流体力学的问题。但是，在当时国内外发表的相关研究论文中，涉及矿浆流体力学可供参考的文献凤毛麟角。在水力学中只讲了很少一点含沙江湖中水的流动，很难能供工业参考。有的技术手册上只介绍了流动阻力系数与雷诺数的关系，但雷诺数中的黏度系数是针对单一液体而言，一旦混有固体颗粒，这个问题就复杂了。而无法知道矿浆的黏度系数，也就无从下手计算了。

为了解决这个问题，陈家镛设计使用东川尾矿矿砂，按照实际生产时的1∶1固液比，采用不同管径进行了流动实验。当时选用了几种不同直径的玻璃管，泵入矿浆进行流动实验，测量流体在管中的压力降和沉阻塞发生条件。实验时新的问题不请自来，刚刚把压差计安装好，一泵入矿浆，矿浆就流进压差计里去了，工作只能被迫中止。陈家镛从容思考片刻就想到了一个好办法，在水平管上安装充水隔离罐，充满水后再接压差计，就此便破解了测量压力降问题。1959年的时候，国内只有砂泵，无法调节流量。陈家镛让同事在泵出口管道安装了回流管道和阀门，将砂泵打出的矿浆分为两路，一路是在管道里流动，另一路是回到配料管。经过一系列实验，科研人员摸清楚了不同管径的管道中东川尾矿矿浆流动的规律，计算出了水平管中的最小流速，证实了低于这一最小流速就会发生沉降和堵塞。这些研究结果对后来东川铜矿中试车间的正常运转发挥了重要的指导作用。

在东川铜矿建设中试车间，使用什么材料制造管式高压釜是一个亟须破解的问题。由于当时国内使用的不锈钢均靠进口，项目根本用不起不锈钢。而用什么样的钢材替代，大家更是心中无底。为此，陈家镛组织大家开展了检验各种材质在氨性溶液中被腐蚀速度的实验。首先把不同牌号的钢板、不锈钢制成对照样品，实验前准确测量表面积并称重，实验后看到样品被腐蚀成斑点条纹状。然后，采用电化学方法，把被腐蚀的样品放入电解池，按一定配方配好电解液，对被腐蚀的样品表层进行剥离，再次得到表面光滑、清洁的样品，再次重复用于腐蚀实验。采用这一方案处理样品得到的实验结果呈规律性，按腐蚀深度最深的地方作为代表性数据，证明了碳钢可以在东川铜矿中试车间应用。

除了金属材料在氨性溶液中会被腐蚀之外，矿浆流动时固体颗粒会对管道设备的表面进行冲刷，从而影响到设备的寿命。于是陈家镛又部署了新的实验。科研人员把样品放入机械搅拌高压釜并捆绑在搅拌轴上，在高温、高压条件下按浸取条件对样品进行磨损实验。实验结果表明牌号高的碳钢可以耐磨损，因此判断出在东川黄水箐中试车间可以放心地选用国产碳钢研发全套设备。

红楼中试小型热模实验

在中关村化工冶金研究所实验室小型冷模实验的基础上，所里在红楼建立了用于开展东川尾矿湿法冶金提铜研究小型热模实验的中试车间。这个车间是利用 1956 年筹建中国科学院氧气室时氧气压缩机车间的厂房，面积约 100 平方米，高 8.6 米，抗震强度为八级。虽然当时的条件简陋，但陈家镛带领团队一起想办法克服困难开展试验。他们利用有限的材料在车间里搭建了十个内径为 123 毫米、长度为 962 毫米的管式高压釜。为了确定实验的可行性，陈家镛部署了几项重要的基础研究工作：一是先按照 1:1 的尺寸对单体管式高压釜流动情况进行水力模型实验，研究流场分布；二是而后用实际铜矿物料进行流动实验，验证管式高压釜作为浸取设备的可行性。

水力模型实验是这样的。浸取系统安装的十个管式高压釜，架在一个架子上呈一字排开，每个管式高压釜之间用管道链接，并做好保温层。为了解决配料，加工了两个带搅拌的配料槽，同时又准备了一个 1 立方米的溶液罐，一个带搅拌的可用蒸汽加温的 0.8 立方米机械搅拌的泥浆罐，另外配套了压缩机，可压至二十个大气压。在浸取设备后面，安装了四个带有耙子的固液分离沉淀槽，四个槽体的安装不是在一个水平上的，而是按阶梯高度安装，靠重力由较高的槽向下一级槽流动。把浸取后的矿浆加入高处沉淀槽，沉降下来的矿渣流入下一个沉降槽；澄清的浸取液由沉淀槽上端的溢流口流出，流至蒸馏用的贮备槽；在后两级沉淀槽加入洗水，洗水一并流入蒸馏贮备槽。蒸馏系统建立了一个 7.6 米高的蒸馏塔，蒸馏塔内径为 160 毫米，塔板间距为 300 毫米，塔板总数为二十块，每层塔板上有两个泡帽，并有一个溢流管。

万事开头难。实验之前，陈家镛查阅了很多文献后还是感觉有些担心，于是决定先从摸清管式高压釜停留时间的分布实验入手。由于科研人员都是刚毕业没几年的大学生，大家不知该如何去做。陈家镛首先给大家讲课，传授相关知识，然后再介绍实验方法即采用阶跃法进行停留时间实验，用食盐配成水溶液来代替国外报道的高成本示踪剂。科研人员首先在十个管式高压釜内按正常操作进行水的流动，而后在相同条件下迅速改为食盐水流动，按规定时间在出口处取样，测量食盐水中氯离子的浓度。由于进料的食盐水中氯离子的浓度是已知的，而在出口处测定的氯离子是逐渐增加的，当达到最高值即与原配料氯离子浓度相等时，证明管式高压釜内原来流动的水已经全部被置换完毕。依据这些测量结果，绘制出十个管式高压釜溶液停留时间分布曲线及寿命分布曲线。试验工作取得了大量第一手的数据，必须进行系统的归纳处理。由于需要较深厚的数学基础功底，陈家镛就有针对性地为大家补习数学知识，还布置了数理统计、最小二乘法和概率论等作业。当时的研究条件与现在比相当艰苦，全所只有两台手摇的机械计算器，其中一台抽出给湿法冶金室用。科研人员加减法用算盘，大量乘除由这台手摇机械计算器计算。通过对大量测量结果的进一步分析，表明这十个管式高压釜与机械搅拌高压釜比相差不大，这就更加增强了陈家镛使用管式高压釜代替机械搅拌高压釜的信心。

浸取过程要求试料停留时间两小时，矿石浸取要经过八至十次的反复才能得到一个实验点数据。同样，蒸馏过程也是如此。红楼中试结果只是打通了流程，要取得更加可靠、能够供设计参考的基础数据，必须把上述实验在东川尾矿提铜中试车间进行再次验证。得益于任大学助教时积累的深厚数学知识，陈家镛结合文献上查阅的大型试验报道，经深思熟虑，对东川中试车间提出了浸取、过滤、蒸馏、吸收的单体操作连续试验详细设计方案。

　　系统复合中心设计也就是对浸取—过滤—蒸馏系统设计出中心点，每个中心点周围包含几个影响因素，比如浸取系统、温度流速、氨浓度几个主要因素，根据设计安排了一系列中间试验。连续的试验不可能像小型实验可分别来做，必须在连续过程之中进行考察。

　　浸取实验进入到使用东川尾矿作为试料进行实验阶段，由于条件限制，只能进行间歇实验。当时国内没有矿浆输送用的高压泥浆泵，只能用一般的离心砂泵。另外，如何控制矿浆流量，国内外均没有更好的仪表设备。为此，陈家镛与大家一起商量，决定采用比较原始的方法，首先解决配料问题，然后解决流动的问题。矿浆配料是使用一个搅拌槽，在槽中按照要求加入水和矿粉进行搅拌，然后使用一个砂泵打入一个可以加温和搅拌的 0.8 立方米的泥浆罐。另外，在一个 1 立方米的搅拌卧式釜中加入氨水与碳酸铵配成的浸出试剂，在出口处安装孔板流量计，按要求流量用空气将试剂压入泥浆罐。把矿浆和浸出试剂在泥浆罐配好之后，进行封闭加温。当温度达到 120℃时，保持泥浆罐达到八个大气压，再用高压空气从顶部压入泥浆罐，控制泥浆罐底部出口的阀门，让矿浆经管道进入管式高压釜。矿浆流量测量的方法是在泥浆罐出口处安装一段一米长的水平管，在这段水平管的两端开小孔并接出导管，导管上安装隔离罐，两个隔离罐的末端安装耐高压的压差计。压差与矿浆流量的相关性事先做好标准曲线。这样控制泥浆罐出口的闸板阀开关大小，就可以保证在管式高压釜中的矿浆准确流量，从而达到浸取实验的稳定进行。

　　为了在东川尾矿湿法提铜流程中，从浸出的铜氨溶液进行提铜，亟须解决在加压下蒸馏铜氨溶液在技术上是否可行的问题。陈家镛组织开展了加压下蒸馏铜氨溶液的中试并取得成功。

　　文献显示前人对加压蒸馏铜氨溶液所做的相关研究很少，只在低压下做过一些试验工作，而在加压情况下，根本没有找到文献记载。选用设备时要求尽量减少蒸气消耗量，而且不致因氧化铜的析出而使设备堵塞，操作稳定可靠，塔板效率高，选用了直接蒸气加热而具有泡罩的蒸馏塔，材质选用碳钢。蒸馏塔内径为 160 毫米，塔板间距为 300 毫米，塔高 7.6 米，塔板总数二十块塔板，每层塔板上有两个泡帽、一个溢流管。实验操作压力，由常压到九个绝对大气压，进气量14—40千克／小时。比较实验结果操作情况后认为：在加压下，铜氨溶液、碳酸氨溶液及氨水的蒸馏操作可行而且稳定，氧化铜颗粒较细，在塔内不会产生堵塞，NH_3及CO_2回收率可达碱厂技术经济指标，在塔底含NH_3为0.195%，含CO_2为0.131%，含Cu为0.069 g/L，为东川铜矿应用摸清了工艺条件。

科研攻坚，困难总是接踵而来。当蒸馏实验正式开始时，出现了一个始料未及的情况。由于当时正值冬季，化工冶金研究所只有一台双火筒锅炉，白天要承担全所的供暖，只有等到晚上10点钟以后，锅炉最后一次供暖后重新启动，才能给浸取系统加热供气，因此浸取试验只能在夜间才能进行。所以中试多为从晚上10点钟到第二天早上6点钟的间歇式运行。

在1959年10月至1960年5月间，科技人员使用东川矿务局中心实验所选矿室提供的14.6吨尾矿进行了半年多实验。在十个管式高压釜中连续对东川尾矿进行浸取后表明：在120—125℃下，总氨浓度为3.0N、碳酸浓度为1.7N、固液比为1：1.7克／毫升、停留时间为九十分钟时，可以将尾矿中85%以上的铜浸取出来，而残渣含铜在0.08%以下。实验结果确证了管式高压釜效果良好，可以在东川中试工厂应用。正是从上述这些一点一滴、兢兢业业的研究工作积累中，陈家镛带领科研团队完成了浸取—固液分离—蒸馏回收等工序的实验，证明了湿法冶金提铜在东川尾矿处理是可行的，为东川建立大型的湿法中试工厂奠定了坚实的基础。

排万难东川建中试工厂

叶渚沛曾去东川考察过。叶渚沛原任上海钢厂厂长，后撤至四川重庆，任重庆铜厂厂长。那时他曾去东川考察，由昆明骑马去东川一星期才到达。1955 年制定十年科学发展规划时，叶渚沛提出用湿法冶金处理东川汤丹矿石，因此具体研究任务由化工冶金研究所承担。

1958 年，陈家镛提出了《东川尾矿湿法提铜实验报告及初步流程设计》报告，其中列举了东川汤丹浮选尾矿氨浸取小型间歇实验的初步结果，以及据此结果而设计的加压氨浸生产过程的技术经济估算，表明了对浮选后尚含铜较高的尾矿采用氨浸取的结果乐观。

1959 年 5 月 1 日，冶金工业部有色设计总院提出东川汤丹浮选尾矿湿法氨浸出车间的初步设计，以后设计了生产能力为日处理四吨尾矿工厂。为了进一步弄清高压浸取东川汤丹浮选尾矿技术可能性及经济合理性，并相应地培育技术力量，决定在海拔一千六百六十米的黄水箐地区建立氨浸中间试验工厂，从 1959 年 10 月开始建设直至 1961 年底才全部完成，土建工程包括厂房、锅炉房、上下水道、尾矿脱水设施及公路支线。中间试验工厂的安装工程自 1961 年初开始，直到 1962 年 9 月正式竣工。

东川汤丹矿床开采的矿石曾由苏联选矿研究院进行过研究。该院院长查斯金曾经到过东川实地考察。那时候交通条件很差，只有几条土公路，准备投产生产的厂房也正在建设中。查斯金个头很高，而且又很胖，爬山走山路是吃不消的。当时只好派了四个人轮流背着他，从山下一直背到山顶。查斯金领导的小组经过实验研究，提交了关于东川的报告，其中孔雀石含铜量高达 50%。后来按照苏联专家的方案建立了浮选铜生产工厂，并于 1959 年底投入生产。

图 5-1　东川中试工厂（左：氨浸高压釜、空气搅拌巴槽正面；中：氨浸高压釜、空气搅拌巴槽侧面，二楼为化验、仪表室；右：旋流器、浓密/缩机）

1960 年时，东川矿务局已经发展到两万人，下设十个处。浮选后的铜精矿用汽车拉到昆明，再由昆明冶炼厂炼铜。矿务局运输处有四百多辆汽车，除国产解放牌汽车外，还有七十多辆叫"泰托拉"的捷克产翻斗柴油车。运输车辆昼夜不停，往返昆明一次需要四天时间，平均每天运至昆明的铜精矿达四千吨。经浮选后的尾矿放入尾矿坝内堆放，尾矿坝是建在两个小山之间，为了安全还建了一个石头水泥的拦矿坝。随着生产规模的不断扩大，浮选后的尾矿越积越多，尾矿坝的规模已经类似一个人工湖了。汤丹矿床是东川矿区中最大的一个矿山，由于矿石的氧化率高，主要为结合性氧化铜，选矿回收率较低。例如二段磨矿浮选时，铜的回收率只能达到 51%—68%，而丢弃的尾矿中含铜为 0.25%—0.34%，从尾矿中可以提取铜的资源量很大。

当化工冶金研究所红楼中试基地取得理想的试验结果后，1960 年查斯金再次从苏联来到中国，特意到红楼参观。查斯金英文很好，与陈家镛交流起来没有障碍。当介绍流程与设备时，杨守志又用俄语向查斯金进行了讲解。当时查斯金认为红楼基地中试的结果即使在苏联也是前所未闻的。

为了摸清高温高压浸取东川汤丹浮选尾矿技术的可行性及经济合理性，同时也是为了当地培养技术力量，冶金工业部采纳了陈家镛的建议，决定在东川黄水箐建立氨浸中试工厂。工厂的基建于 1961 年底正式竣工，设备安装到 1962 年 9 月全部完成。湿法冶金室先后派遣杨守志、尤彩真、安震涛、范正、夏光祥等同志去东川工作，组织协调各种设备的安装调试。后经陈家镛多次调整、修改试验流程，使东川黄水箐中试工厂的设计能力从每日四吨提升至每日十吨。

图 5-2　化工冶金研究所在东川工作的技术人员合影
（1962 年。居中者为陈家镛）

因为原来的厂房面积很大，所以在厂房内把设备重新进行调整，顺利建成了每日十吨的中试工厂。

中试工厂单体试验

试验工作进程大致分为四个阶段：试车、改装、单体试验、最后为全车间的尾矿联动实验，即全部开车互相配合，长期运转。

在黄水箐中间试验车间，浸取系统有管式高压釜三十台（其尺寸与中关村的尺寸一样），在管式高压釜旁又安装了两个嵌入式搅拌釜。黄水箐中间试验车间由于是经设计院全面系统的设计，远较中关村红楼的设备完善许多。设计最突出的特点，解决了连续长时间的生产实验运转的基本问题。一方面是设计了四台往复式的高压泥浆泵，该泥浆泵可以打四十个大气压，传动为偏心轮传动，当调节偏心轮转矩时，可以调节泥浆泵柱塞的移动距离，从而可以调节矿浆的流量。另一方面建设了管式的矿浆加热设备，新建的锅炉房能够全天候供应高压蒸汽，因此使得连续长时间流动成为可能。在中关村的试验，浸取操作只能是间歇地来做，不仅操作时费力，数据还没有连续的准确。此外，按中关村的计量方法，对矿浆流量可以随时进行监测。

在试车过程中，发现了与中关村中试同样的问题，虽然是三十个管式高压釜，但矿浆被浸取的时间只能是三四十分钟（受最低流速限制，矿浆流速太低，发生沉降堵塞无法操作），实际浸取时间远远达不到两小时。在大家一筹莫展时电告北京求助，陈家镛从化学工程原理出发，提出了一个当时切实可行的内循环方案，即经过三十个管式高压釜的矿浆不要开口放入过滤系统，而是在流动管道中的矿浆导管外增加套管冷却，冷却下的矿浆用导管直接接入高压泥浆原入口，这样形成了一个内循环，试车时要首先配好矿浆料液，经过高压泥浆泵打入管式加热器，而后进入三十个管式高压釜，经冷却后又进入高压泥浆泵打入管式高压釜。用内部循环法就停留时间、浸取温度做了一系列条件试验，这样既可以省掉很多人力，更主要的是保证了浸取条件，所获得的浸取结果是可靠的。

陈家镛提出的内循环方案有如下几方面。

【浸取影响因素】该试验是进行 1961 年尾矿（汤丹矿正式试料）的单体试验，找出浸出率与各操作变数之间的关系，即温度、总氨及二氧化碳浓度以及矿浆在釜内流速等变数对铜的浸取率的影响。1961 年度试料铜品位为 0.345%，在浸取温度 150℃时，则铜的浸取率达 88%，残渣铜品位为 0.04%。而且证明了结构简单的管式高压釜，操作易于掌握，浸取效果良好。

【过滤系统】东川选矿车间是把矿石经过球磨放进选矿槽，加入黄药、机油等试剂进行搅拌，富矿粉随着气泡漂浮到界面上，用刮板刮出来的就是富矿粉，将这些富矿粉浆由泵打入过滤机。过滤机是一个转鼓，带孔圆筒上面蒙有滤布，转鼓一头接抽真空的水环真空泵，含水的铜精矿粉在此被吸干水，吸干了的矿粉在转鼓另一边被刮板剥掉，此时铜精矿含水 25%，不再进行脱水，直接装袋运往昆明。湿法冶金在东川中间试验车间的过滤机有其特点：因为被浸后尾矿性质与砂粒相似，为单一含铜的细矿粉，其沉降速度相当快，所以在过滤机槽内又外加了一个半圆形随机摆动的搅拌器。另外在滤饼表面上喷洗水，洗掉滤饼中所夹带的铜氨络合物。洗涤水共分为一次洗水和二次洗水，由过滤机一端抽真空处的分布盘处抽到贮罐。在鼓式真空过滤机上探讨了温度、真空度及滤鼓转速对过滤速度的影响。单体试验结果表明，过滤温度对过滤速度影响远较真空度及滤鼓转速的影响大得多。加水进行一次淋洗时，铜、氨及二氧化碳的洗涤效率可分别达到 96%、85% 及 89%。

【蒸馏系统】采用栅板式蒸馏塔进行了系列的试验，当蒸馏氨水时，最好结果残液含 NH_3 量降低到 0.006% 以下，铜氨液蒸馏析出的氧化铜易结疤，当增设机械刮板时，操作可继续进行。

【尾矿联动试验】尾矿联动试验先需经过开工操作，只有到正常稳定操作，才能取得真正的试验结果。开工时，浸取、过滤及蒸馏三个系统分别开工，待操作稳定后，三个系统再相互联在一起，构成全车间的联动开工。操作时间累积起来合计 174 小时，稳定操作时间共计 151 小时，处理 1961 年尾矿试料 27.4 吨，1959 年尾矿试料 7.5 吨，非正式试料 31 吨，总共处理 66 吨矿石，全中间试验工厂共取得 54 批数据。在经过尾矿联动试验后，取得了正式的试验结果。

【试验结果】1959 年尾试料的浸取率（温度 135±7℃；2 小时）为 80.3%，中间试验工厂联动试验结果为（79±1）%。同时，肯定了管式高压釜适用于浸取应用。鼓式过滤机（过滤面积为 0.92 m^2），当进浆浓度为 60%—65%，可达 400 kg/m^2 的设计指标。蒸馏铜氨液是在栅板塔进行，蒸馏塔提馏段（18 块塔板）及精馏段（3 块塔板），为防止氧化铜结疤，自 18 层以下装置有刮板，塔底残液中含有 0.0003%—0.0020% 的 Cu，0.009%—0.025% 的 NH_3 及 0.0004%—0.0003% 的 CO_2，这是联动试验后得出的结论。

采用陈家镛提出的选冶联合流程，矿石中铜的总回收率可由选矿的 48.5% 提高到 89.3%；如果采用 150℃ 的浸取，可达到 93% 以上。从中试工厂试验结果来看，尾矿的湿法冶金工业部分在技术上是可行的，在经济上是合理的，更主要的是从浮选后的尾矿里为国家"额外"地创造了财富，充分利用了国家不可再生的宝贵矿产资源。

东川选冶联合流程试验

1960 年，中国科学院和云南冶金局联合举办有色金属的学术研讨会，会议由严济慈主持。化工冶金研究所由陈家镛带队，流态化室和湿法冶金室的技术人员杨守志、刘锡洹以及科研处的陈明章等人参加，在会上汇报了东川、大冶等地有色金属研究的进展。会后，陈家镛带领杨守志到云南东川、个旧、墨江等地的铜、锡、镍、钴等矿产地考察。当时的交通网络还不发达，到贵州后只能改乘汽车，然后再坐窄轨小火车[①]才最终抵达昆明。平时陈家镛从昆明去东川根本没有公交车，只得搭乘货车才能到达。1962年10月，陈家镛在东川逗留了一个月的时间，一方面讲授专业知识、

图5-3　项目技术鉴定前陈家镛在中间试验工厂留影（1964年）

培训技术人员，另一方面核查全部工艺流程，从硬件设备到数据分析详尽检查，然后才正式进行尾矿氨浸实验。当时全国正处于三年自然灾害困难时期，粮食供应不足，现场的科研和技术人员在试验之余就挖野菜、刨土豆，而土豆吃多了头疼。在那个艰苦的年代，陈家镛经常来东川指导并参与试验，一待就是几个月，还将东川矿务局向上级申请特批给他的一点点白面、猪肉和香烟也都贡献出来，让大家的生活能够得到稍许改善。

　　按照选冶联合流程，1964年9月，中试工厂继尾矿联动试验后，开始进行了原矿湿法冶金试验。首先进行了各工序的单体试验，同年12月完成了原矿联动试验工作。东川原矿的三个系统联动试验，其结果与单体试验结果基本相同，而原矿直接湿法冶金比浮选水冶联合流程要经济合算。

　　【水力旋流器】增添水力旋流器，做水力旋流器洗涤试验。用水力旋流器三级递流洗涤试验，洗涤效率为86.17%±1.7%，回收率为94.8%±0.6%。

　　【管式苛化器】由于原矿中含硫，浸取液中

图5-4　陈家镛在东川指导工作时中间试验车间与全体工作人员合影（1962年）

----

① 即"米轨"，轨距为1米的窄轨铁路。

含有 $(NH_4)_2SO_4$，必须将自由氨蒸发后加石灰苛化[①]才能回收硫酸铵中的氨。经过摸索，最后选择氧化铜先沉降分离，再在管式苛化器内苛化，然后再蒸馏，得到了良好指标。沉淀后再苛化蒸馏的方法，有效组分的回收率高，与尾矿流程中的蒸馏相比并不额外增加蒸汽和动力消耗。这个方案有 95% 的产品为纯的氧化铜，铜回收率高，而且在技术上也比较简单。经试验，结构简单的管式苛化器效果良好，没有因结疤而影响操作。蒸馏塔底残液含 NH_3 1.4×10^{-3}%，含 Cu^{++} 1.7×10^{-4}%。

【试验结果】浸取系统：总开车时间 148 小时，稳定运动时间 109 小时，处理矿石 65 吨，浸取率可达 94.5%，固液分离系统总开车时间 120 小时，稳定运转时间 112 小时，采用六级水力旋流器逆流洗涤，洗涤效率达 97%，回收率达 91%。蒸馏系统：总开车时间为 120 小时，稳定运转时间 103 小时。蒸馏系统蒸馏塔残液中有价成分含量：Cu^{++}（4.64 ± 1.76）$\times 10^{-4}$%，总 NH_3（0.58 ± 0.18）$\times 10^{-2}$%，相当于蒸馏的回收率：Cu 为 99.9%，总 NH_3 为 99.8%，CO_2 为 99.3%。

上述中试成功后，陈家镛实现了湿法冶金技术在东川铜矿的真正的生产应用。

由于这一技术的成功，东川湿法冶金提铜技术进行了一系列的成果展。

1958 年，中国科学院党组书记张劲夫提出"以任务代学科"，东川提铜工作真正面向资源，解决国家重要战略急需，科学界和产业界的评价很高。根据 1958 年陈家镛提出的提铜初步流程设计，研究所用有机玻璃制作了一套东川生产流程，其中的反应釜为机械搅拌釜，而且用沉降池回收做固液分离，最后为蒸馏塔。展出地点在与化工冶金研究所相邻的电工研究所南区四层楼。

1959 年 10 月 1 日，中国科学院制作了四部彩车参加国庆彩车检阅，

---

① 碳酸钠和石灰乳制氢氧化钠的过程，因产品是有腐蚀性的苛性钠，故称为苛化。

其中化工冶金研究所有一部主题为"湿法冶金好"的彩车，由研究所木模组董应龙主要制作，把东川提铜流程组装为工厂形式，全部喷涂为银白色。这辆彩车通过天安门接受了毛主席等党和国家领导人的检阅。

1963 年在中科院微生物研究所展览。展厅位于中关村的北京天文台南楼。展览内容为东川尾矿湿法冶金提铜流程，再现了 1962 年东川尾矿浸取生产设备，包括管式高压釜、过滤机、蒸馏塔等。

1971 年中国科学院成果展览，由化工冶金研究所玻璃组全部采用玻璃制作，展现了东川湿法冶金六级水流旋流器逆流洗涤工艺流程，现场展示设备内的流动。

2012 年 7 月 28 日，在东川矿务局驻昆明办事处举行了职工座谈会，会场上悬挂着"中科院过程所、东矿科研所座谈会"红色横幅，会议的中心内容是回顾 1958 年以来湿法冶金在东川铜矿的发展历程。会议经过了近一个月的筹备，原东川矿务局黄水箐中心实验所冶金室三十八名职工参加了会议。大部分职工已经退休，但很多人一听说是回忆陈家镛先生在东川的工作，特意专程赶到昆明城区。会议由退休的丁荣强所长主持，黄水箐中心实验所冶金室第一任主任潘为湘致词。他首先祝贺陈家镛先生九十诞辰，祝愿陈先生健康长寿。随后，潘为湘简要介绍了当年的情况：1958 年东川矿务局在黄水箐建立了中心实验所，当时下设选矿室、冶金室以及包括物相和化学分析的分析室共三个研究室。冶金室最早是个小型实验室，由徐贵云、沈兰英负责。陈家镛先生从化工冶金研究所调拨了一个小型高压釜，根据化工冶金研究所在北京的实验结果，在黄水箐冶金室进行了重复实验。当时冶金室的技术人员大部分是来自选矿专业的，对化工技术不熟悉。陈家镛先生派杨守志、尤彩真从北京千里迢迢来到东川，手把手地教会了冶金室的职工。他们还开课讲解化工原理，培养了一批冶金室的技术骨干。更重要的是培养了冶金室职工独立思考和解决问题的能力，在厂矿企业中营造了一股学习科技知识的良好风气。1962 年湿法冶金中试工厂建成以后，冶金室开展了对东川原矿和尾矿的系统试验，取得了令人瞩目的成果。令潘为湘非常感慨的是，东川湿法冶金中试工厂所培养出来的年轻职工非常有出息，几代人把青春都贡献给了东川铜矿的提铜事业，时至

图5-5　采集工作小组与黄水箐中间试验车间部分退休的技术人员座谈并合影留念（2012年）

今日湿法冶金的工艺流程仍在使用。

接着研究所第二任所长蔡美霞发言，她深情地说："我1962年大学毕业来到黄水箐，与在座同志一道，亲眼看见了湿法冶金在东川由小型实验到百吨每日的发展过程。陈家镛先生从1958年起就开始了处理难选低品位氧化矿的尾矿的研究，带着大家为国家做出了巨大的贡献。这使我觉得，我们一生没有白过。在座的许多人从青年一直到老了退休，几乎一生都在从事东川提铜的研究工作，这段经历留给了我们美好的回忆。"会上，大家纷纷发言，回忆了在湿法中试工厂，实验所的技术人员又在湿法冶金工作方面开展了更加广泛深入的研究，使氨法提铜一直沿用至今，为国家创造了巨大的经济效益。

湿法提铀领路人

铀广泛分布于自然界，在地壳中铀的平均含量为（3-4）×10^{-4}%，与钼、钨、砷、铍相近。铀矿物具有如下特征：铀矿物的化学组成中均含有氧而不含硫、卤素或氮。铀的品位很低，含铀量0.05%—0.07%的铀矿石是可以接受的。另外一个铀矿石的结构特征——分散性，铀矿物在脉石中嵌布细小而分散，呈细浸染状，通常是小于10—100微米的铀矿物颗粒被脉石矿物所包裹。

铀是重要的战略物资。在政府有关部门组织支持下，我国在铀的探矿、选矿、开采、提取、提纯与利用等方面，自力更生，逐渐与世界并跑。陈家镛带领科研团队的湿法冶金提铀工作就是在这样的时代大背景下开展的。

　　铀矿石的开采与其他金属矿石开采工艺基本相同。由于铀矿石的品位低，而作为核燃料使用的铀，对纯度的要求却很高，金属铀的纯度要求达到 99.9% 以上。铀矿石的冶炼方法有火法提取和湿法提取两种方案，而专家们更倾向于采用"湿法冶金提取工艺"。陈家镛作为化工冶金研究所湿法冶金室主任，早在 1958 年就在湿法冶金室内成立了"稀有一组"和"稀有二组"开展过对铀矿提取冶金的研究工作。当时的组员政治条件要求很高，蔡志鹏、李若兰、尤彩真等均为党员。

　　1959 年 4 月，"稀有一组"接受第二机械工业部第三局的委托，要求探索某矿的浸取方法，提供对该矿进一步勘探的有关资料，陈家镛领导小组接受了这项艰巨的任务。技术人员查阅了大量文献，但当时这方面的报道文献非常少，因为铀矿可用于制造原子弹，所有的资料国外都是封锁的。同时，因为对当地资源分布情况不太了解，只能一步一步地探索性开展实验工作。经过采用多种不同方案进行实验，实验结果作为了第三局设计勘探的重要参考。

　　根据调研结果，不论含铀的矿石和矿物有多少类型，通常采用的化学处理方法，可归结为酸分解法和碱分解法，两种方法的选择主要取决于矿石的类型。当矿石中存在着较多的方解石、白云石、菱镁矿时，如果用酸分解，则其能耗较大，这种情况下采用碱分解则比较适宜。当矿石含有较多能与碱起作用的物质，如硫化物或石膏时，再使用碱处理往往不经济。如果方法选择与矿石组成无关，那么某些过程的应用取决于其他因素，例如试剂价格、制造设备所需材料是否易获得、矿石有无氧化的必要、石质的溶解度以及提取方法的效率等。方法的分类除了依试剂不同而划分以外，操作上的各个单元如过滤和反应时搅拌（分机械搅拌或空气搅拌），采取间歇浸取或连续浸取操作，另外采用常压浸取或高压浸取，都要综合考虑后才能确定最终方案。不同的浸取条件，对于铀的溶解速度和溶解度具有不同的影响，例如浸取时间、浸取温度、试剂浓度、固液比、氧化剂性质和用量、矿粒大小及搅拌浆型式和强度等。当矿石品位很低的情况下，若直接用化学方法提取，势必处理大量矿石，耗去大量试剂，如果能够预先加以富集，其效果是可以想象的。富集的方法，取决于矿石的特性，例如重选、按粒度分选和采用浮选。随着富矿资源的耗尽，矿石预先处理必定起着更加重要的作用。

　　鉴于某矿属碳酸盐铀矿，同时存在着相当量的方解石和石膏，陈家镛和同事们进行了一系列的实验研究。首先对矿石进行了岩相分析，发现该矿是浅灰色、灰绿色—紫红粉砂岩；放射性矿物已确定，其中有板菱铀矿，该矿物含量很好，产于紫红色灰绿色粉岩中的腺状纤维石膏的脉壁旁。另一种具有放射性矿物，黑色均质、反射率低，硬度到使用钢针才能刻划，尚未定名。该矿物呈单晶体，分散在灰绿色、碳酸盐胶结物发育的粉砂岩中。根据岩相分析，它们主要分别以 $CuCO_3$、$CaSO_4$ 形式存在，分解这种矿石不论是用酸法或碱法都要耗费相当多的试剂。陈家镛针对这种矿石的复杂属性，提出了分别采取在常压下用硫酸浸取、常压下碳酸钠浸取、高压碳酸钠浸取等三种方法进行实验。

　　第一种方法，在常压下用硫酸浸取矿石。

　　在常压情况下就时间效应、硫酸浓度效应及固液比例效应做了一系列实验，得到了传统是在常压直接硫酸浸取这种碳酸盐钠矿，无论是加温或常温均可获得满意的结果，浸出率最高可达 95% 以上，残渣品位为 0.005%—0.008%，在 80℃浸取温度效果比常温下效果好。

　　第二种方法，在常压下用碳酸钠浸取矿石。

　　实验方法和酸法浸取一样，所不同的是加入的溶剂是碳酸钠和碳酸氢钠的混合溶液。实验结果是这款碳酸盐铀矿可以采取常压碳酸钠与碳酸氢钠混合溶液浸取，浸取率并不太低，最高可达 85% 左右，残渣品位在 0.02% 以下。关键问题在于原矿中存在大量石膏，引起碳酸钠耗量甚大。

　　第三种方法，高压碳酸钠浸取。

　　某碳酸盐铀矿在常压的酸和碱浸取中，试剂的消耗量较大，因此实验室改为高温高压条件，在高压釜中进行下面的高温高压碳酸盐浸取实验，提高浸取率并降低试剂的消耗。在高压釜中，将碳酸钠和碳酸氢钠配成混合液，与矿样同时加入高压釜中，加盖密封，升至 110℃，浸取一定时间。就溶剂浓度、固液比、温度、粒度搅拌速度进行了一系列实验。实验结果表明，反应釜在110℃时，铀的浸出率可达87%，若常温80℃，每生产一吨铀需碳酸钠为350—400吨；若采取高温高压110℃时，生产一吨铀只需消耗碳酸钠为230吨，节省了试剂的用量。

当时全国的湿法冶金仍处于起步阶段，而且刚刚国内找到铀矿，陈家镛极具前瞻性地在国内率先开展了提铀工作，对多种可能应用的方案开展了探索性实验。当时由于这项研究工作的特殊性和重要性，由张劲夫、刘西尧组织了中国科学院、第二机械工业部的技术力量进行协同攻关。张劲夫曾在《光明日报》上发表"请历史记住他们"的署名文章，对"两弹一星"国内攻关的组织过程进行了全面叙述。文章一开始，就写到把中国科学院所有著名的物理学家和军事科学院的科学家全部调动起来，经过长期努力才解决了"两弹一星"这一重大国防问题。在原子弹研制之前，陈家镛是国内第一位用湿法冶金提取铀矿的领路人。后来建立的核工业部化工冶金研究院①负责铀的提取，一直与陈家镛保持着密切联系。陈家镛也曾多次派人到通县②去协助工作，并在铀分离方面具体指导。

"先国家之忧而忧"，陈家镛心怀国家大事，带领中青年科技骨干勇挑重担，为了我国核工业的发展默默耕耘、无私奉献，积极与核化冶院合作开展技术攻关。1965年，为了加快核燃料提取进程，化工冶金研究所成立了由陈家镛、杨守志、张懿、罗世民组成的工作组，负责铀矿的提取工艺攻关研究。张懿、罗世民常驻核化冶院参加铀矿的提取工艺实验。作为项目总工程师，陈家镛统揽全局，每周都要了解工作进展情况，讨论工作计划。铀矿石湿法提铀工艺概括地说，首先将铀矿石加工成含铀百分之六七十的化学浓缩物即重铀酸铵，然后再进一步加工精炼成为低价氧化物或金属铀。重铀酸铵呈黄色，俗称"黄饼子"。科技人员在核化冶院实验室对"黄饼子"进行加工提纯，工作环境很艰苦，地面铺设的瓷砖接缝处都呈微黄色，食堂就餐也不允许用手拿馒头，多次洗手还有放射线。但是在陈家镛的率领下，工作组发扬了为国争光的拼搏精神，经过几个月夜以

---

① 简称核化冶院，隶属于中国核工业集团公司，创建于1958年，是一所以研究铀矿选冶和湿法冶金技术为主，集科研、教学、产品开发和生产经营为一体的综合性高科技研究院。

② 现北京市通州区，核化冶院坐落于九棵树地区。

继日的奋战，在实验室里采用湿法提铀工艺，成功地提炼出了棕黑色的二氧化铀粉末。1966 年下半年，由于"文化大革命"冲击，加上当时通县地区的形势，湿法冶金提铀工艺研究项目被迫停止。

粉末冶金服务国家战略需求

1960 年年初到 1970 年间，陈家镛领导湿法冶金室开展了加压氢还原制取金属镍粉、钴粉、铜粉等粉体材料的应用基础研究并取得成功。通过研究积累了经验，培养了专业科技人员，撰写了科研工作报告，这为七十年代援助阿尔巴尼亚项目圆满完成创造了条件。随后，伴随着科学技术的进步，为满足经济建设和国防建设的需求，陈家镛领导湿法冶金室科技人员，利用前期的科技成果积累，与时俱进地开展了复合粉体材料的研制工作。

复合粉末是粒状的金属、非金属、塑料或金属化合物的外围，涂上或包上另外一种金属、合金或非金属成为一种新的粉末。如铝粉的表面包上一层金属镍成为镍包铝粉末。在碳化钨表面包上一层金属钴成为钴包碳化钨。各种粉末有不同的应用，如镍包铝作为喷涂时打底层及生成抗氧化、抗腐蚀涂层，镍包石墨作润滑可耐磨密封涂层，镍或钴包氧化锆作隔热涂层。复合粉末喷涂用于某些设备部件上，使用涂层不仅延长了其寿命，而且可使用低级的材料作基体进行修复。

图 5-6　镍包石墨粉

化工冶金研究所研制的镍包铝粉末采用等离子喷涂技术固定人造金刚石聚晶在钻头胚体上形成冶金结合涂层，在四川天然气井钻探中斜井深度超过四千米，是硬质合金钻头进尺的二十四倍，打出超深井的报道震动了全中国。还有某些设备中应用的涂层，大致上可分为耐磨涂层、耐腐蚀涂层、控隙涂层和热障涂层。化工冶金研究所为了满足特殊任务而研制出多品种、多规格、多系列的复合粉体材料。如：镍包石墨复合粉末利用金属镍的强度和石墨粉润滑性的综合性能，镍包硅藻土复合粉则利用天然硅藻土的耐热性能和金属镍的强度相结合的综合性能，经过热喷涂可制成控隙涂层，从而提高设备效率。再比如：钴包碳化钨粉末、镍铬炭化铬粉末的成功推广使用都取得了显著的技术和经济效益。另外，某些部件采用的氧化钇稳定的氧化锆涂层粉末等的研制成功，为高性能发动机研制提供了条件。所有这些涂层的使用都是旨在保证设备机体材料特性的前提下，提高这些材料的耐热抗氧化腐蚀能力和抗高低温热腐蚀的能力。

陈家镛在指导东川尾矿氨浸提铜工作时，受限于 1958 年时的工作条件，只能按化工传统方法蒸馏回收 NH_3 和 CO_2，同时得到氧化铜。1961年国内有了较先进的高压釜试验设备，就改用了氢还原的方法制取铜粉。当时粉末冶金在国内刚刚起步，原来的机械加工是把铜料用车工、铣工、磨工工序加工，而粉末冶金是把铜粉在压模中压成零件形状，然后经烧结即可成型。由于粉末冶金是一次成型，没有机械加工产出的废料。

化工冶金研究所在开展湿法冶金高压浸取和高压氢还原工作的基础上，面向国家重要战略需求，自 1961 年起开展了用氢还原等方法制取复合粉末的研究工作。陈家镛首先进行热力学的计算，结果表明由于铜的电位较小，比较容易与镍钴分离。根据动力学计算，镍钴浓度要按合适的比例来控制氨还原得到纯金属镍和金属钴。经过对浓度、温度、氢分压等进行系统试验，从镍氨液制得了镍粉。

那时工业上大量使用的硬质合金的及作耐磨材料喷涂的粉末原料，一般均系由碳化钨粉和钴粉混合加工而成，所以易发生混合不均匀和偏析现象，因而易导致硬质合金耐磨性及硬度下降，当应用此种粉末互喷涂时又会发生碳化钨失碳及氧化反应。碳化钨涂层粉末克服了机械混合粉末的缺点，因为在碳化钨核心周围均匀地包上了一层钴，因而在喷涂时减少核心的失碳和氧化。扩大实验是在十立方米高压釜中进行，把硫酸钴与碳化钨粉一并装入釜内，加温到一定温度时，用氢气还原进行反应，经过对各

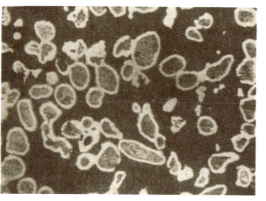

图 5-7　镍包铝粉

种条件的试验，最后制得钴包碳化钨粉末。在 1976 年 1 月上海某厂设备部件上涂层，使用结果证明此种粉末具有流动性好、沉积效率高、耐磨性好的特点。

选择一定粒级的铝粉与硫酸镍、氢氧化铵、硫酸铵及表面活性剂一并装入高压釜，用氢气进行还原，待一定时间，即制成了镍包铝粉末，在热喷涂时，镍和铝与基体金属能以冶金结合方式，形成牢固的"自结合"，所以涂层致密，具有熔点高、抗热震、抗高温氧化等优良特性。用高压釜可制镍包石墨、镍包硅藻土各种粉末。自 1973 年开始，粉末生产扩大试验达到批量生产，提供全国二十几个单位使用，直到现在生产车间仍然生产。

严东生曾致信陈家镛，探讨复合粉体材料相关技术攻关工作。

家镛同志：

　　你好！

　　项目等离子喷涂的第一阶段研制工作，由于你所大力支持，进展得比较顺利，镍包铝涂层达到了较好的性能指标，目前尚待解决的问题是碳化钨的脱炭问题。不久前你们送来的一些钴包碳化钨原料，经初试验，情况尚好，正在磨制试样，准备性能测试中，由于时间要求很紧，现寄上细颗粒原料 4.5 公斤，望能过八月十五即安排包钴的工作为感。我最近将去京开会，会议（约九月五日）或稍晚一些。对我们按时完成涂层的研制工作将是很大的促进支持。

　　见面谈。致
敬礼！

严东生

一九七三年八月廿七日

萃取化学开辟湿法冶金新应用

陈家镛在把精力投入云南东川铜矿铜提取的同时，还开展了在云南墨江镍矿等地对其他有色金属的提取。

对于所有任务金属矿中的金属，首先要用溶剂把金属变为在提取液中可溶解，才能最终达到提取的目的。提取液中的金属以离子型或铬合物形态存在，新的课题又摆在面前，如何从提取液中把金属提取出来是一个较困难的课题，一方面是金属含量很低，另一方面是不清楚用什么溶剂能够完成分离，这些都要进行各方面研究和探索。

湿法冶金提取液，最早分离金属的方法是用离子交换，离子交换是把离子交换树脂的交换基团功能化，当提取液中的金属离子通过时，由于树脂上的基团作用而被捕捉，工厂里面用了很大的离子交换柱。离子交换方法是可行的方法，但也暴露了其应用的矛盾，必须间断操作，另外扩大时交换柱不能做得太大。

1962年陈家镛就开展了应用萃取化学方面的研究工作。他部署使用各种萃取剂分离铜、钴、镍等有色金属，进行小型探索性实验，而且经常与清华大学的汪家鼎讨论交流。实质性地开展大容量萃取化学和萃取工程研究是在1973年化工冶金研究所调整研究方向后开始的。当时安排了两个组开展萃取化学的研究，一组由朱屯负责，另一组由于淑秋负责。范正负责工程组搭建塔器，苏立民负责萃取槽设备的研究。

四川攀枝花红格矿中含有大量的钒和铬。用这种矿石不论采用那种工艺炼铁，钒和铬均共存，并且需要采用加碱焙烧后再浸取的方法使钒和铬进入溶液。因此，研究如何从碱浸液中经济有效地分离和提取这两种元素，如何综合利用这一宝贵资源成为摆在陈家镛带领的研究团队面前的重要课题。经过设计多种分离方案和反复试验，研究人员找到了利用伯胺萃取钒和铬的规律性，发现伯胺分离提取钒和铬的优越性远超过其他的胺类化合物。在陈家镛的指导下，通过对伯胺萃钒机理进行了研究，发现自由伯胺在特定条件下，可以从中性和弱碱性介质中按溶剂化机理，主要靠H－键与钒酸形成分子缔合物而被萃取，聚合作用以及伯胺的特殊溶剂化作用不仅提高了钒的萃取效率，也大大增强了萃取的选择性。在伯胺萃取钒的机理研究中，开展了胺类萃取剂萃取铬、钼、钨、钒等过渡元素规律的研究，研究结果表明，对伯、仲、叔胺对铬、钼、钨、钒能力比较，由于自身结构不同，萃取金属能力具有很大差别。伯胺分子中含有两个活性氢原子，溶剂化解力最强，通过胺类溶剂化萃取历程以及结合阴离子的电荷密度、比电荷值之后，对分离性质相近的元素可以进行科学推测，并提出一种新的萃取方法。

1983 年 6 月到 12 月在湖南株洲钨钼厂，对钨钼材料进行了提铼的工厂中试。采用萃取法从高压碱浸液中回收铼、钼的中试。首先在高压釜中使用氢氧化钠对矿石进行了浸取，得到的含铼和钼的溶液调至 pH 为 8—9 后，用伯胺—中性磷酸酯萃取铼；萃取后的有机相再进行反萃取，反萃取溶液经过结晶化得到铼酸钾晶体。萃取铼之后的余液，再进行钼的萃取，用伯胺或叔胺可单级萃取钼，然后再进行反萃取，从含钼的反萃取液制备仲钼酸铵结晶；或者把含钼的反萃取液经氢气还原，可以得到钼产品。这一研究工作为株洲钨钼厂提铼成功地提供了规模化生产流程。

陈家镛在 1973 年指导开展萃取化学基础研究的同时，组织力量对萃取设备进行了开发研究，在湿法冶金室成立了工程组，专门对浸取、萃取等各种设备进行系统研究。科研人员首先对混合澄清槽开展了研究，针对现有工业生产用萃取槽的优缺点以及放大难点等进行了分析，研制了双混合室二级搅拌的萃取槽；为了减小澄清室的面积，还开展了静电低压破乳研究。在塔器研究方面，开发了振动筛板塔实验装置，对其各种开孔率、液泛速度进行了实验，探索了放大化的可行性因素。

陈家镛指导长沙矿冶研究院湿法冶金研究，有一段难忘的回忆。

1959 年，化工冶金研究所首任党委书记孙卓先从北京调到长沙矿冶研究院[①]任党委书记。1965 年，经他的引荐，陈家镛到长沙矿冶研究院兼职工作。孙卓先与陈家镛有着深厚的友谊，也非常赏识他的才华。据冶金学家、长沙矿冶研究院马荣骏教授[②]回忆，那时他们单位留不住人才，有些专家过来不久就调往外地条件好的单位去了，因此特别缺乏具有海外留学背景的高级专家。马荣骏从东北工学院毕业后到长沙矿冶研究院工作，1960 年成为助理研究员。湖南是著名的有色金属之乡，当时第二机械工业部副部长钱三强来视察，提出与中科院合作开展铀矿提取工作，马荣骏等人也到北京的二机部五所参观过。陈家镛当时在化工冶金研究所也开展了铀矿提取工作，但中关村的地理位置不适宜做实验，正好孙卓先发出了工作邀请，陈家镛便欣然接受，于 1965 年至 1966 年期间到长沙矿冶院工作了一段时间，最长曾连续工作了一个月左右。

当时陈家镛任"新任务研究室"（研究七室）主任，长沙矿冶院为他在一个很僻静的地方准备了办公室，每天陈家镛都和大家一起上下班。他不仅认真仔细地听取每个课题组的汇报并提出了指导意见，还详细介绍了带队赴古巴考察湿法冶金研究和生产的情况，使年轻的科技人员开阔眼界，受益匪浅。陈家镛非常平易近人，他主动提出在萃取组蹲点工作。马荣骏当时恰好在萃取组从事铀矿矿浆萃取的研究工作，在此期间得到了陈家镛的耐心指导和帮助。后来"文化大革命"开始了，陈家镛就再也没有机会回到长沙矿冶研究院工作了。当时，孙卓先和马荣骏都是被批斗的对象，科研也不得不停滞。"文化大革命"结束后，马荣骏在全国的学术会议上还经常见到陈家镛，并受邀参与了陈家镛等主编的《湿法冶金手册》《溶剂萃取手册》等专业著作中部分章节的撰写。马荣骏回忆起与陈家镛先生的交往经历时百感交集，表示陈家镛先生是我国湿法冶金和溶剂萃取研究领域当之无愧的学术带头人，对他充满了尊敬和爱戴。自己虽然不是他的学生，但一直都称他为老师，后来还把自己编写的著作寄给陈家镛先生。

---

① 当时隶属于中科院，现隶属于中国五矿集团有限公司。
② 马荣骏（1931- ），生于河北大城，冶金学家。

第六章
科技报国选育良才　率团古巴考察技术

执着科研的陈家镛一心扑在科技报国、选育良才的事业上。教育方面，他开始着手培养研究生的工作，注重夯实基础深挖潜力，学生们深感恩师的言传身教受益终身。合作交流方面，他一方面在化工冶金研究领域加强与高校、科研院所、厂矿企业等单位的协同合作以满足国家国防、冶金等方面的重大战略需求，另一方面带领国内同行积极开展国际交流，吸收借鉴国外先进的理论成果和实践经验，为推进我国化工冶金学科的发展倾心尽力。

培育人才理论联系实际

化工冶金研究所成立之初建立的湿法冶金研究室（四室），其定位与任务是解决国内多金属矿和复杂矿的提取回收课题。中国科学院党组根据当时的国内外形势，提出了以任务带学科的口号。四室承担的一个主要任务就是研究云南东川铜矿、墨江镍矿等复杂矿的提取分离技术。在参加任务的科技人员中有十名年轻的大学毕业生，有热情、有干劲儿，但学科基础和实践经验不足。陈家镛在布置任务的同时，非常重视从基础研究开始培养化冶人才。他认为要通过基础研究从理论上解决问题，才能在实践中指导技术开发工作。所以，他就东川铜矿铜的提取分离工作提出了很多理论问题，引导年轻的科研人员通过研究逐步予以解决，如当时亲自指导夏光祥开展了"氧化铜硫酸化焙烧动力学"的研究工作。

化工冶金研究所的首任所长叶渚沛很早就认识到人才培养的重要性，重点培养了四名研究生，而最难能可贵的是当时全国的科研院所及高等院校都还没有研究生的建制。柯家骏就是叶渚沛的一名研究生，他早年学习选矿专业，毕业论文方向是硫化矿物的提取。叶渚沛安排柯家骏在四室完成研究生论文研究工作，由陈家镛负责指导。我国的矿产资源，尤其是有色金属以硫化物形态存在是较为普遍的。过去传统的方法是焙烧，把硫转化并从矿中释放出去，既污染环境又需要使用大量的强酸。如果在内部转化，把硫化矿中的硫氧化成为可用的浸取剂，从环境友好和经济效益上讲都是最合理的解决方法。所以，柯家骏的研究方向是正确的。陈家镛对柯家骏的指导采用了传帮带的培养方式，从高压釜管路的安装中为防止出危险将氧气表都进行防油处理，到矿物的选择以及样品制备，都进行了具体的指导。柯家骏通过两年的努力，就硫化铜加压氧化提取铜的研究达到了预期的结果，于 1960 年顺利通过了专家组论文答辩，论文题目是《黄铁矿晶体高压氧化浸取机理的研究》。后来长达五十多年，柯家骏的原创性研究工作对我国硫化矿物的提取一直具有重要的指导意义。

化工冶金研究所根据发展需要，上世纪六十年代正式开始培养研究生。那时所里只安排了两名研究生，一位是夏麟培，另一位是施惠娟。两位同志都是北京钢铁学院[①]本科毕业，并且都是党员。其中，施惠娟毕业后被推荐到化工冶金研究所攻读硕士研究生，被安排由陈家镛进行培养，也是他的第一个硕士学生。当时湿法冶金室是以化工为主要基础开展研究的，陈家镛就指导她大量阅读化工专业书籍。当时有一本由柯尔森等编著的《化学工程》，有英文本和中文译版，陈家镛指导她中英文对照一点点

---

① 现北京科技大学。

读懂。书后有近二百道习题，施惠娟做完习题后，陈家镛就一道一道地给以校正，改正有错误的地方后，还面对面地详细讲解。施惠娟的研究课题仍然是围绕着东川铜矿湿法冶金提铜这个方向。从矿山挖出的矿石经过破碎和球磨之后变成了矿粉，矿粉颗粒的粒度为二百目（0.075 毫米）。用湿法处理时，在管道与反应器中颗粒在流动中很容易沉降下来，这样极易造成矿石颗粒沉积，堵塞管道，在浸取器中也容易造成沉淀堵塞。因此，研究矿浆在一个水平管流动问题的时候，因为是金属管道，无法用快速摄影来观测；在管道截面取样进行分析的话，也无法取出代表性颗粒。开始，陈家镛推荐用探针进行测量，这在国外发表的论文中广泛应用；但是在实验中发现，由于矿粉颗粒大小不一样，有的颗粒从一对探针之间通过可采集到信号，有的颗粒却绕过探针根本无法捕捉到信息。随后，陈家镛指导施惠娟采用管道内壁圆周上对称安装几对电极，扩大电极测量电导变化灵敏度的方法。解决了测量方法，施惠娟的研究工作进展的很顺利。经过陈家镛的悉心指导，她在 1963 年通过论文答辩后被授予硕士学位，论文题目是《固液悬浮体的粘度及其在水平管中流动时的压降损失及颗粒分布》。

1964 年，经过对应届大学毕业生考试，陈家镛招收了化工专业毕业的本科生作为硕士研究生进行培养，其中有清华大学毕业的李佐虎、华东化工学院毕业生毛卓雄、陆正亚，浙江化工学院毕业的陈诵英。陈家镛在与同学们充分沟通交流后，分别为学生选择了研究方向并且很快开始了研究工作。现已从浙江大学退休的陈诵英回想起当年入学考试的情形，许多往事仍然历历在目，对恩师"不拘一格"的选材理念感激万分。入学考试时，陈诵英的专业成绩名列前茅，但是英语成绩没有达到要求。陈家镛顶住压力还是录取了这名来自普通院校的年轻大学生，虽然陈诵英不是名校毕业，但是他的基本功和潜力让陈家镛印象深刻。陈家镛语重心长地鼓励他说，"英语的不足可以通过后天努力弥补。"

当陈家镛培养研究生的工作正在按部就班地进行之际，"文化大革命"的开始使得这项工作就此停止。当时造反派污蔑叶渚沛是"反动学术权威"进行批斗，陈家镛作为室主任，也难免受到冲击。尽管有极个别学生也对陈家镛进行所谓"揭发批判"，但是由于陈家镛对学生非常认真负责，待人十分和蔼，揭也揭不出什么，批也没有什么好批的。而且，湿法冶金室的同事们对陈家镛的印象特别好——他为人和善，从不用言语刺激人，总是以引导帮助的方式，这样让人很容易接受。虽然湿法冶金室也成立了造反派，强迫四十多岁的陈家镛去参加一些"集体改造劳动"，但他都是平静地去参加诸如麦收、打扫卫生等体力活，一直保持着一个好的心态。

1965年之前，陈家镛共指导了六名研究生。陈家镛首先以自身的经历教育他的学生，要爱国爱党爱人民，他以故事的方式述说自己在念博士的经历。当时新中国正值"抗美援朝、保家卫国"时期，美帝国主义在朝鲜战场上一败涂地，美国正是"麦卡锡"检查法横行的时候，一句话就是对人的思想动态、倾向进行侦察、跟踪、监视。当时美国人曾有一幅漫画被《人民日报》转载，描绘的是麦卡锡站在一个人的旁边，用手扶着一个人的头，像打箱子上盖一样打开头盖骨上部分，用眼睛看在这个人头里面装着什么东西。美国人对这种检查法都很反感，当时中国留学生由于中美的严重对立，更是检查的重点对象，会时常受到监视。但在中华人民共和国成立后，国家建设等各方面都取得了令人瞩目的伟大成就，按照毛主席的话说就是"中国人民站起来了"，这些消息传来极大地鼓舞了在美国学习工作生活的中国人。特别是在美国的中国留学生心里向往祖国，回归祖国的想法在大家心中逐渐升华起来。所以当时美国的政治背景与中国留学生的思想产生了碰撞，发生了严重的冲突。叶渚沛是应周总理邀请，1950年带着夫人叶文倩和子女毅然回国，放弃了在美国的优越工作条件和优厚待遇，回国参加祖国的建设。受叶先生邀请，陈家镛于1956年举家回国。众所周知，建国初期在美留学生回国是很艰难的，钱学森回国受到了美国的迫害，李四光是绕道回国，陈家镛回国的船上是有美国兵武装押送的。回到国内时，陈家镛自己说心里真是高兴，感到总算解放了，再也不受那样压抑的洋气，可以真正自由呼吸了。陈家镛为人低调，只有在教育学生时才会讲起他在美国生活的情况，大家都不知道他在美国工作时已有了自己的汽车，家里还有冰箱、电视等当时的高档电器，但他不忘科技救国的初心，毫不犹豫地放弃了令人羡慕的工作和待遇，举家回国。

带队考察古巴湿法冶金

在美国学习和工作期间，陈家镛有机会与来自全世界的同行进行学术交流，在化学工程界已经拥有一定的学术影响和威望。回到祖国后，陈家镛与第三世界国家的科学家们建立了深厚的友谊。

古巴与美国东南角的佛罗里达州隔海相望。第二次世界大战期间，由于古巴国内发现含有有色金属镍和钴的矿山，美国为了战争需要在古巴投资建厂，生产镍和钴。当时古巴是由亲美的巴蒂斯塔政府执政。卡斯特罗领导的民族民主革命推翻了独裁政府，在革命胜利后与新中国建立了互相支持的友好双边关系。那时我国采用湿法冶金在东川建立了日处理十吨矿料的试验厂不久，还没有真正连续运转的工厂，而古巴的湿法冶金生产厂已经运行了二十多年，为了提高我国湿法冶金的研究水平以及解决生产方面的各种关键工程技术问题，我国政府决定派代表团赴古巴进行学习考察。

1963 年，根据两国科技合作协定，中国赴古巴考察团对古巴奥连特省尼加罗镍厂及摩亚湾镍厂进行为期半年的考察。考察的内容是对两厂的生产工艺，包括从采矿至成品包装各个工序进行实地考察，并对工厂的技术经济指标、设计程序、设计特点及建设程序、生产组织、生产管理的情况和特点进行调研，考察方法包括现场参观与资料收集。由于古巴两厂的大部分资料及图纸没有副本，考察组进行了大量照相复制工作。当时我国有关部门严格规定，收集到的资料、图纸及照片底片全部由冶金工业部有色冶金设计总院保存。同时，根据大使馆指示，资料均仅收集一份，各单位使用资料时统一向有色冶金设计总院商借复制。

陈家镛作为总领队率领有色金属研究总院、有色冶金设计总院派出的十位同志组团赴古巴考察，设计总院的牟邦立负责政治思想工作。到了古巴以后，当地提供了一辆中型面包车，但是没有司机。陈家镛在美国一直有自己的汽车，回国前处理掉了；回国后又规定专家只许坐所里专车，即使会开车的也不允许开车。
陈家镛当时已有快七年未
动过方向盘了，拿到车钥
匙后他自己先温习了一下，
又请古巴的司机指导了一
下，总体感觉车技还可以，
所以陈家镛除了专家身份
外，又义不容辞地承担起
司机一职。考察团其余成
员都不会开车，因此每日
往返住处、矿山和工厂之

图 6-1 陈家镛（前排右一）与考察团成员在古巴合影

间的驾驶任务就均由陈家镛一人承担了。古巴国内以西班牙语为主，但技
术人员均会英语，而考察团成员除陈家镛外全是学俄语的，只有少数人能
够阅读英文资料，于是陈家镛的另外一项任务就是当翻译。需要交流时，
陈家镛直接进行口译。作为领队、专家、司机、翻译"一肩挑"，陈家镛
的这次出国考察格外繁忙，而他的无私为公、敬业求实的精神赢得了大家
的一致好评。

考察对象之一的尼加罗镍厂，其第一期工程于 1942 年由美国政府投资
建设，1943 年正式投入生产，年产量为 14515 吨氧化镍。1953 年至 1957
年进行扩建，年产量增加 75%。尼加罗工艺过程原理系将矿粉先进行还原
焙烧，将矿石中的氧化镍及硅酸镍还原为金属镍。还原后矿石用氨及碳酸
铵在空气存在下浸取生成镍氨络合物溶解，进行固液分离后，加热蒸馏
分解，生成盐基性碳酸镍沉淀及氨和二氧化碳气体，氨及二氧化碳可返回
浸取循环利用。盐基性碳酸镍焙烧后生成氧化镍。每天处理六千吨矿石，
1962 年生产金属镍 16050 吨，大部分销往社会主义国家。

另一个考察对象是摩亚湾镍厂，冶炼系将矿浆预热通过高压釜，加入
98% 硫酸在 246℃及 35.4 个大气压（表压）下浸取，浸取后的矿浆在浓密
机中分离及逆流洗涤，浸取液用碳酸钙中和，中和后的清液在高压釜内通
入硫化氢，生成硫化镍—钴沉淀，洗涤后即为产品。

考察团还参观了其他一些工厂，如生产铬、铜的矿山以及炼油厂。考察期间，陈家镛与古巴的技术人员进行了深入交流，对考察中发现的技术问题进行了充分研讨。考察中，陈家镛认真记录了交流中的所见所闻、所思所想，回国后向上级主管部门提出了一些建设性的意见，如：加强对出国人员的外交培训、技术培训，使出国学习考察的效果更好。另外，他建议在出国前出访人员要对目的地国家的传统文化有一定了解，这样会更快地融入当地的生产和生活。

图 6–2　考察团成员与古巴工作人员合影（后排左三为陈家镛）

后来的"文化大革命"的十年也是国际交流不正常的十年，陈家镛所在的化工冶金研究所仅仅承担了国家下达的援助阿尔巴尼亚的一项科研任务。1970 年 4 月，对外经济联络部部长方毅主抓并委派化工冶金研究所承担"阿尔巴尼亚红土矿综合利用"工作，这是当时我国重要的援外项目之一。阿尔巴尼亚红土矿除含铁外，还富含镍、钴两种重要金属。在陈家镛和郭慕孙的直接领导下，湿法冶金室和流态化室的科研人员协同作战，联合攻关，设计并实施了流态化还原焙烧—氨浸取镍、钴—Fe_3O_4磁选—冶炼钢铁的技术路线。在小试的基础上，又在上海冶炼厂开展了日产百吨规模的扩大试验，取得满意结果。在此期间，方毅同志六次来所视察，对化工冶金研究所的工作给予充分肯定。该成果获得了 1978 年全国科学大会奖。

第七章
坚持科研　闲庭波澜不惊

回国工作以来，陈家镛历经了几次政治运动。尽管含蓄内敛、与世无争，陈家镛在大风大浪中也难免受到冲击，但他泰然处之、身体力行，带领湿法冶金室的同事们潜心科研，努力排除外界带来的干扰，在复杂多变的环境中成就了一番新的事业。

室内无右派

1957 年，在陈家镛回国后正式工作的第一个年头，全国范围内开展了一场整风运动。4 月 27 日，《中共中央关于整风运动的指示》发布，鼓励广大知识分子提意见。当时化工冶金研究所还未正式成立，由建所筹备处负责对外工作。由于研究所是 1958 年 9 月 26 日才正式成立的，所以当时没有支部书记和行政领导，由孙卓先任党的领导小组负责人。科学家有叶渚沛、郭慕孙、陈家镛、许道生、申葆诚、杨纪珂六人，均为从国外回来的专家。1956 到 1957 年间陆续分配来一些高等院校的应届毕业生，另外又从上海招聘了一批高中生。同时，根据上级组织安排调入了一些行政干部，如筹备处的办公室主任刘侠、从外交学院调入的杨玉璞等，总共五十人。按照叶渚沛的建所思想，把研究所定为四个发展方向，成立了四个研究组：炼铁组、炼钢组、流态化组和湿法冶金组。陈家镛任湿法冶金组组长。

化工冶金研究所成立后，又分配来了很多转业军人。所里在湿法冶金组的基础上成立了湿法冶金室，陈家镛任主任。当时，室里没有人去谈论或涉及反右的事情，而是在陈家镛的领导下，集中精力、全力以赴地投入科研工作。随着整风运动后期的反右派斗争扩大化，最后全所经组织审定有五人被划为右派分子，以室为单位接受群众监督改造，而陈家镛领导的湿法冶金室没有一个人被划成右派。

1963 年冬季，上级组织学习大庆"评功摆好"活动，每个人都要发言"摆优点"。在湿法冶金室的一次会议上，苏立民的发言给了大家很大的启示。苏立民说："陈先生对大家的教育，保护了全室同志。"大家恍然大悟，这才明白在 1957 年的反右派斗争中，陈家镛告诫大家时说的一番话。在一次"大鸣大放"的会议上，会议室台前放了一张桌子，群众坐在下面，谁都可以上台自由发言。会议上发言的人越来越情绪化，内容越来越尖锐，越来越离谱。陈家镛看到这种情形后对室里的人语重心长地说："有意见可以提，但要热爱党，先把工作搞好，善意地提意见，不要夹杂个人情绪。"陈家镛的这番话稳住了科技人员的心，使大家能够保持头脑清醒，也保护了全室的同志。

在 1957 年，陈家镛没有受反右派斗争的影响，仍然按照化工冶金研究所建所宗旨，围绕从矿石中提取铜、钴、镍等有色金属的技术，有条不紊地带领湿法冶金组人员进行前期准备工作，查阅文件，加工设备，并于 1957 年底开始实施。鉴于我国拥有大量的氧化铜矿及含铜铁矿的资源，处理这些矿石的重要途径是采用硫酸化焙烧使其成为水溶性的硫酸铜，所以陈家镛选择的科研课题为"氧化铜硫酸化焙烧动力学的研究"，寻找氧化铜在 SO_2 及空气气氛下生成硫酸铜的反应机理，探明各因素对过程速度的影响，得到适宜的焙烧操作条件。这项工作到 1959 年年底基本完成，并被化工冶金研究所评为优秀科研工作。

"文化大革命"中坚持三条原则

1966年6月"文化大革命"开始。对化工冶金研究所造反派来说，怎样定论陈家镛，是个难题。1956年底回国以来，陈家镛负责云南东川铜矿项目近十年，对工作极为负责，湿法冶金提铜工作也由冶金工业部于1964年完成了技术鉴定。此外，他领导的粉末冶金、萃取化学等方向的研究工作也都在技术上处于国内领先水平。陈家镛宽厚待人，对人都是和和气气，从不用语言刺伤别人。如果工作上出现什么问题，他会主动承担责任，湿法冶金室职工与陈家镛相处得非常融洽。无论是工作上还是生活中，造反派实在找不到"帽子"扣到他的头上，就强加给他"重才不重德""对一些出身不好的人仍在重用"的莫须有"罪名"。

当时由造反派组成的所谓"革命领导小组"代替了湿法冶金室的领导岗位。他们让陈家镛在楼道里放上一张桌子、一把椅子，不许在办公室里办公。有人提议去抄陈家镛的家，看看是不是抄出点"反动的东西"。造反派来到陈家镛中关村的住所，当把房门打开后，这些人径直冲进屋子里不容分说乱翻乱搜起来。陈家镛的房子布置得很简单，家具也很少，只有他回国时带回来的三个箱子，以及所里配给的木板床、两个二屉桌和一个小书架，而更多的却是井井有条堆放在地上的书籍和资料。他们翻箱倒柜把所有的东西搜了一遍，也没有能够找到能给陈家镛添加"罪名"的任何证据。

造反派不甘心，又追问陈家镛直接负责的重要科研项目，遭到他的严正拒绝。因为所有参与这些项目的人员都要经过研究所、中科院及合作方的严格审查。陈家镛坚持三条原则：一是不报告工作的方向及内容；二是不能由造反派接手工作；三是不同意去合作单位调查。而"革命领导小组"的负责人想要插手过问湿法冶金室当时工作的话，谁拍板谁负责，一切后果自负。在陈家镛坚持原则的态度下，造反派只能灰溜溜一边"闹革命"去了。

1968 年 5 月，化工冶金研究所成立了所谓"专政队"，"文化大革命"后称之为"牛棚"，把"走资派""反动学术权威"以及右派分子等二十二人关了起来，陈家镛也在其中。这些人白天在大楼楼道上坐板凳，晚上才可以回家。直到 1968 年 9 月，军宣队、工宣队进驻中科院，对被专政人员进行了审查，在 1969 年 3 月解散了"专政队"，把在楼道坐板凳的这些人集中起来，在平房里又集中学习两个星期后放回了家。而陈家镛回家时，造反派已经抢占了他的三间房住了进去。直到 1980 年落实专家政策后，陈家镛才恢复到原来 1956 年分配的房屋。退还回来的房屋墙壁已经面目全非，陈家镛请人修补粉刷了一下，全家人这才重新安顿下来。1983 年，他买了点木头，请人打了一张写字台、三只木制书柜，才有地方把那些一直伴随多年、东堆西放的书籍和资料整理放好。

科技援外谱写友谊新篇章

六七十年代，我国虽然与苏联以及大多数东欧国家进入"冰冻期"，但与阿尔巴尼亚的关系则步入"蜜月期"。1960 年 6 月在布加勒斯特举行的社会主义国家共产党和工人党代表会议上，中苏两党代表团在会上发生尖锐的意见冲突，进行了激烈的交锋。无论是会议上还是在此之后，阿尔巴尼亚在中苏日渐恶化的争论中坚定地站在了中国一边。随后，苏联停止了对阿尔巴尼亚的经济和军事援助，撤回了全部专家，甚至一度中断了外交关系。与此同时，中阿关系却日益密切并快速升温，并在"文化大革命"的初期和中期达到高峰。其中，中国在经贸方面为阿提供了大批贷款、成套设备和技术援助。被阿方领导人称之为"阿尔巴尼亚第二次解放"的爱尔巴桑冶金联合企业工程，是中国在冶金工业方面的最大援外项目。

当时的背景是苏联东欧经互会曾一度承担开发利用阿尔巴尼亚红土矿的任务，准备用火法冶金生产镍铁为普通钢。1961 年两国交恶后，苏联撕毁协议、撤走专家，中断在阿方建立钢厂所进行的研究工作。据《上海有色金属工业志》记载："七十年代间，上海冶炼厂、上海跃龙化工厂联合承担援建阿尔巴尼亚爱尔巴桑冶金联合企业镍钴厂全套设备技术，邀请北京矿冶研究总院、中国科学院化工冶金研究所、北京有色金属设计研究总院科技人员与两厂工程技术人员、工人组成专家组赴阿指导建设。"

追忆这段特殊时期的科技攻坚历史，化工冶金研究所以郭慕孙、陈家镛为首的一批科学家率领科技人员，担负作为国家科研机构的使命，发挥学科优势，创新技术方法，为援阿企业项目建设奠定坚实基础，谱写了一曲国际友谊篇章。

镍钴提取援阿提出新工艺

阿尔巴尼亚盛产含镍红土铁矿，并伴生钴、铬等多种金属。1960年初，国内有关单位就开展了对阿尔巴尼亚红土矿综合利用的研究，对于火法和湿法存在一定争议。火法研究工作从1962年开始，到1970年停止，断断续续进行了八年。1970年5月，因为种种原因，全面停止了火法流程的研究工作，援阿工程提镍部分的建设改用湿法流程。"文化大革命"期间，化工冶金研究所的正常科研秩序被打乱，科研人员白天转行做些半导体研发方向的工作，只有晚上才能抽出时间来钻研原来的科研业务。但是，化工冶金研究所的科研工作并未完全停止，不仅参与了前期火法试验的部分工作，而且后期又承担了湿法流程技术攻坚的重大项目。

1969年，国家对外经济联络委员会主任方毅来到化工冶金研究所视察工作，向科研人员传达了毛泽东主席的指示："援助阿尔巴尼亚要有效益，要综合利用。"化工冶金研究所最初承担的援阿项目是从镍铁合金中提取镍和钴，也就是在阿矿火法冶金过程由上海冶炼厂水淬的合金粉末中提取镍和钴。为此，所里调集了一批踌躇满志、敢想敢干的中青年科技骨干，齐心协力，经过艰苦努力终于使镍的回收率达到了 95%。

试验期间，方毅与二机部部长刘西尧一同检查援阿工作中从镍铁合金中制取镍的项目。他们请负责科研工作的同志介绍了研究进展，听取了关于八国经互会捷克机械回转炉还原焙烧阿尔巴尼亚红土矿的情况汇报，其结论是每消耗三十吨劣质煤可制取一吨镍。方毅让汇报人列出几个化学反应式，看后表示，以往对阿尔巴尼亚的火法冶炼工作是"炒回锅肉"，氧化后再还原、还原后又氧化不尽合理。了解到化工冶金研究所在还原焙烧及湿法氨浸方面均具有每日一百吨的中试经验后，方毅表示："你们的方案很好，要采用最新技术。"

1970 年 4 月，针对阿尔巴尼亚含镍钴红土铁矿的综合利用问题，有关部门在上海召开了援阿工作会议，研究援阿工作的技术方案，部署援阿项目。该项目由方毅牵头，组织外经委、冶金部、一机部等有关单位协同攻关。化工冶金研究所提出的"阿尔巴尼亚红土矿还原焙烧—氨浸—氢还原湿法提取镍钴新流程"方案被审定采用，并由外经委给中科院下达了援阿任务。郭慕孙、陈家镛率领化工冶金研究所科技人员在已有科研成果的基础上，承担起了援阿任务中红土矿还原焙烧、加压氨浸和加压氢还原提取镍、钴的工艺试验项目。从 1970 年开始，化工冶金研究所又派出科技人员到上海冶炼厂等单位进行了大量的半工业试验，积累了大量的基础数据，确立了采用湿法工艺从红土矿中提取镍、钴的新流程。任务艰巨、使命光荣，正如后来亲历者回忆这段历史时的描述："承担这项任务对于现场工作的同志真是既兴奋又感到责任重大"。

我国在援助阿尔巴尼亚的过程中，率先采用了以红土矿还原焙烧—氨浸—氢还原流程提取镍、钴，浸出渣经过磁选得到铁精矿送去炼铁的工艺路线，并成功地应用于援阿半工业的生产实践。

焙烧—氨浸—氢还原湿法提镍钴新流程可分为以下几步：

首先，要对矿石采用两段流态化焙烧处理，将热矿石中的一些金属氧化物（如氧化镍、氧化钴等）还原成金属，而另一些金属氧化物（如铁的氧化物）不被还原或不完全还原。要将焙砂还原度控制得恰到好处，使镍和钴尽量转化为可浸状态，让铁最好还原成磁性氧化物。

其次，将焙烧产出的焙砂送去氨浸，氨浸流程要求对浸出滤液进行加热蒸馏，目的是使其中的试剂（如氨和二氧化碳）得以回收，而镍、钴则以碱式碳酸镍 $(3Ni(OH)_2 \cdot 2NiCO_3 \cdot 4H_2O)$ 形式存在。

再次，氢还原工段包括将碱式碳酸镍溶解液（氨＋浓硫酸铵）转型为硫酸镍氨系统、过滤液净化除铜、净化液加压氢还原（氢气＋生核剂）、一次镍粉及镍粉长大、压块成型等工序。加压氢还原具有流程简单、效率高、动力和试剂单耗低、易于自动化控制等优点，当时是处理碱式碳酸镍提取金属镍较为先进的工艺。

悉心指导加压氨浸氢还原

援阿项目承担单位协力合作，在上海冶炼厂试验场经过四年多的艰苦探索，处理五万余吨矿石，完成了一百多项重大试验任务，取得了二百五十万个数据，终于试验成功镍、钴提纯工艺。作为主要参加单位，这一成果也浸透了化工冶金研究所科技人员的心血。随后，化工冶金研究所采用新流程，在小试的基础上，又在上海冶炼厂进行了日处理一百吨规模的中试，取得了满意的结果。陈家镛经常到上海冶炼厂现场指导湿法冶金室的技术骨干协同攻坚，培养和锻炼了一群懂技术、有想法、肯吃苦的中青年科技人员成为援外任务的主力军。作为湿法冶金室主任的陈家镛，在援阿半工业试验项目中也是氨浸和氢还原试验项目的组织者和负责人。他根据阿尔巴尼亚红土矿的结构、成分特点和以往湿法提取镍、钴的经验，在小型实验的基础上，提出了半工业试验二段逆流低压氧化氨浸工艺流程（见图7-1）和浸出基本设备与工艺条件。

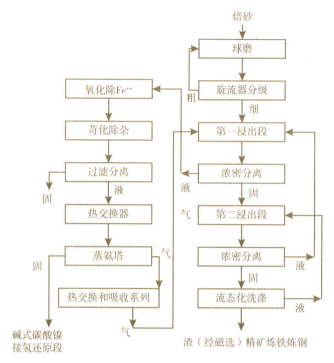

图 7-1　浸取工段流程简图

【浸出工艺条件】

①物料和热平衡的计算：

依据各种金属元素氧化反应耗氧量之和*5= 理论空气量

各组设备热量的导入和支出计量

②主要设备：

旋流器：溢流浆浓度 20%；粒度 -0.074mm 占 80%；球磨温度 60℃；预浸槽浓度 20%，温度 60℃；溶液中 NH_3 60g/L，CO_2 90g/L

卧式浸出槽：3 个（一段浸出 2 个，二段浸出 1 个），容积 26m³/ 个

浓密机：3 个，Φ6m

流态化洗涤柱：3 个，Φ0.8m，高 6m

泡罩塔：Φ1m，高 6m，塔板 15 层

③浸取条件：浸液成分 NH_3 60g/L，CO_2 90g/L；矿浆浓度 20%；总充空气量 120 Nm^3/t；浸出温度 60℃；浸出时间 6 h

④通过氨浸过程工艺优化减少氨耗量

氨浸过程浸出率：Ni 95%，Co 65%

几年的时间很快就过去了，经过陈家镛和同事们的共同努力，在氨浸方面提出的创造性试验方案取得了满意的试验结果，开展的氨浸条件优化、浸出液中不饱和硫氧化、氨浸过程中钴大小釜浸出率差异、氨浸矿浆沉降过滤性能等研究，为顺利完成氨浸半工业试验发挥了重要作用。其中，采用氢还原技术从碱式碳酸镍溶液中提取金属镍粉的半工业试验，在上海冶炼厂试验现场进行过两种工艺方案的对比：第一种方案是采用碳酸铵系统的氢还原流程，第二种方案是采用硫酸铵系统的氢还原流程。对碱式碳酸镍进行了两种溶解试验，以考察不同试料对溶解的影响，测定了镍、钴的一段和二段溶解率及酸和氨的消耗指标等。第一种碳酸铵方案的试验数据表明，在镍被氢还原的同时，钴也会被氢还原出来，掺入到镍粉中，因此在镍氢还原之前必须将钴除去。由于试验受到现场条件的限制无法实施，陈家镛与同事们经过深入研讨，创造性地提出采用硫酸铵系统氢还原工艺。虽然在这之前该工艺多应用于硫化镍矿加压氨浸的过程，然而对于阿方的含镍红土矿还原焙烧、氨浸的工艺过程来说，采用硫酸铵系统进行氢还原的工艺方法却是一种崭新的尝试。

上海冶炼厂试验厂曾经使用过两套氢还原设备，第一套主体设备为管式反应釜，在现场安装调试后，经过一年多的氢还原试验，氢还原工艺流程不能顺利进行，整套设备未能达到设计指标要求，设备质量不稳定。另一套主体设备是机械反应釜，是陈家镛建议上海冶炼厂调用化工冶金研究所加工的容积一立方米的卧式反应釜。1972 年 1 月，在外经部、冶金部、一机部等主管部门召开的简化设计审定会上，决定拆掉氢还原管式釜改用机械釜，将碳酸铵系统氢还原工艺流程改为硫酸铵系统氢还原流程。为此，化工冶金研究所迅速派出科技人员赶赴上海冶炼厂参加了全流程试验，使后期的试验工作得以顺利进行，其中陈家镛主张设计加工的机械反应釜在援阿项目中发挥了关键性作用。

卧式反应釜是氢还原作业中的主体设备，化工冶金研究所加工的反应釜总容积一立方米，是用 26mm 不锈钢板焊接而成，允许承受压力为 50kg/cm²，设计温度最高为 210℃，外形规格为 Φ=700mm×2200mm。釜体一端为椭圆封头，另一端为可拆卸的法兰。釜体外设有半夹套，供加热保温用。釜体上半部还装有压力表和温度测量仪表，并配备有进料、排料和进气管道，釜体底部开有排污阀。机械釜设有三个搅拌桨由三台屏蔽电机控制，搅拌速度为 470 转 / 分。机械釜经过安装、调试后，现场试车一次成功。

援阿半工业性试验氢还原工段的主要结果是令人满意的，达到了设计指标要求。评审专家认为：采用硫酸铵溶解、硫化铵除铜、氢还原浓缩结晶处理碱式碳酸镍制取金属镍粉，在工艺上是可行的，经济上也是合理的。机械搅拌氢还原高压釜经过三个多月的时间考验可以认为是过关的。

图 7-2　化工冶金研究所获全国科学大会奖

氢还原试验取得了镍还原率 96.37%，镍直收率 93.38%，镍结疤率 0.82%，镍粉质量达到 3 号镍标准的好结果。援阿氢还原制备金属镍粉半工业试验取得成功，是陈家镛带领现场科技人员夜以继日攻坚克难的成果。

1974 年 5 月，在援助阿尔巴尼亚红土矿提镍工作中，发现现有的流程生产的镍粉含硫较高。陈家镛组织力量，开展了碱式碳酸镍浆化氢还原制备镍粉的研究，在已有的试验基础上提出了浸出液氧化—碱式碳酸镍浆化氢还原的新流程。

此流程是通过对浸出液加入硫化铵除铜后，进行不饱和硫氧化，将氧化后的溶液进行蒸馏得到碱式碳酸镍，所得到的碱式碳酸镍再用氢气进行浆化氢还原，经磁选分离得到镍粉，余下的尾液提钴。与原流程相比，新流程大大简化，省掉了碱式碳酸镍二段溶解过滤、硫铵复盐浓结晶工序及氨基高温水解的工序，获得极大成功。

1978年，"阿尔巴尼亚红土矿还原焙烧－氨浸－氢还原湿法提镍钴新流程试验"成果获得全国科学大会奖，这是对化工冶金研究所全体参与科技攻关人员辛勤耕耘、潜心科研的肯定与褒奖。

第八章
科学春天　壮心不已

1978 年 3 月，全国科学大会在北京人民大会堂隆重举行，邓小平同志在开幕式讲话中明确指出"科学技术是生产力"，方毅同志做了《1978—1985 年全国科学技术发展规划纲要（草案）》报告，郭沫若同志在闭幕式《科学的春天》的书面发言中写道："我们民族历史上最灿烂的科学的春天到来了。"陈家镛牵头和参与的两项成果喜获全国科学大会奖，湿法冶金室全体同志深受鼓舞，以百倍的热情投入到科研工作中来。陈家镛更是身先士卒忘我工作，作为我国湿法冶金的奠基人，带领四室科研人员在金川资源综合利用镍钴分离研究方面攻坚克难。

镍钴分离金川科技攻关

1978 年全国科学大会的胜利召开，标志着我国迎来了"科学的春天"。在这次会议上，甘肃金川硫化铜镍矿与内蒙古包头白云鄂博含稀土铁矿、四川攀枝花钒钛磁铁矿一起被国家列为全国矿产资源综合利用三大基地。同时，金川资源综合利用项目被列为全国一百零八个重点项目之一。此后，在时任国务院副总理方毅的推动下，我国有关部门组织全国五十多个科研院所、高等院校、生产单位的专家学者和工程技术人员，开展了金川资源综合利用科技联合攻关，取得了累累硕果。中国科学院作为科技协同攻坚主要参与单位，派出了化工冶金研究所陈家镛、朱屯、黄淑兰、苏立民、李国鹏等科研人员参加并负责相关课题的研究，重点开展对钴的萃取机理和镍、钴分离相关技术的系统研究。

我国的矿产资源中，多金属共生矿占相当比重，如何综合回收和利用矿产资源的各种金属成了发展金属工业的重大课题。1958年在甘肃河西走廊发现的金川铜镍矿，是我国大型镍铜多金属共生硫化矿床，是我国所发现的最大镍矿，不仅含有丰富的镍铜金属，还富含伴生的钴、金、银及贵金属等多种金属元素，是一个综合利用价值很高的多金属矿床。1959年金川公司成立，拉开了金川镍矿开发建设的序幕。

我国三大共生矿综合利用的科技攻关是在方毅直接推动下得以实施的。1978年3月方毅出任国务院副总理，同时兼任国家科学技术委员会主任，同年的全国科学大会明确提出了科学技术是生产力的重要论点。1979年7月方毅担任中国科学院院长。作为主管科技事业的领导人，方毅决心亲自挂帅，组织科技人员攻关，啃下三大多金属共生矿这三块硬骨头。他不止一次对身边的工作人员说："我早就想抓几个试点，推动科技与经济的结合。我国有三大共生矿（攀枝花、包头、金川），我要下力量抓一抓。只要我管这个工作，在有生之年活一天就要过问一天。"邓小平听了他的汇报，批准他每年"请假"去三大基地。

1978年至1986年，方毅作为"金川资源综合利用科技联合攻关"牵头人，八次亲临金川，组织跨行业、跨地区的大规模科技联合攻关，针对镍冶炼技术进步、铜镍硫化矿共生贵金属的回收等课题进行研究和用于生产，极大地提高了复杂矿综合利用的技术水平和金川镍基地的生产。金川资源综合利用项目1989年荣获国家科技进步奖特等奖，甘肃金川也被誉为我国"镍都"。

金川硫化铜镍矿研究背景

　　化工冶金研究所成立之初确立的复杂矿的综合利用，主要是针对国家急需开发利用的攀枝花钒钛磁铁矿、包头含稀土铁矿、金川硫化铜镍矿已有工艺流程的完善和新工艺流程的开发，以及某些丰产元素（钒、钛、稀土、钴、钼）及镍、钴等分离提取新方法，进行了大量的应用基础研究和工艺流程开发。陈家镛负责的湿法冶金室确定的主要研究方向中有发展加压湿法冶金和溶剂萃取新过程。加压浸取、加压氢还原、萃取分离与富集等一批课题的研究，当时在学术思想和研究水平上处于国内领先地位。

　　上世纪六十年代，化工冶金研究所率先组织科研人员开展对金川硫化铜镍矿的湿法冶金研究。虽然金川硫化铜镍矿的生产工艺以火法冶金为主，但在资源综合利用方面，湿法冶金与火法冶金相结合是较为有效的方法。例如，湿法冶金室与北京矿冶研究总院合作提出的金川贫矿的原矿和金川富矿的尾矿直接加压氨浸的湿法工艺，就是一个可行的新途径。

　　化工冶金研究所早期的研究工作为其在多金属矿产资源的综合利用的技术研发上积累了经验，为日后承担国家"三大矿"综合利用项目奠定了坚实基础。由于金川镍矿同样需要解决镍钴提取分离的问题，援阿红土矿项目的成功可以说在科研和技术上为化工冶金研究所承担"金川资源综合利用"项目积累了宝贵的经验并奠定了研究基础。

　　郭慕孙曾在《怀念方毅同志》一文中写道："继援阿任务完成后，方毅同志开始关注我国复杂矿的综合利用，我每次去攀枝花开会，看到他如何主持会议，对钒的提取、钛的富集、氯化后制钛白等工序进行了大规模试验的部署。对方毅同志的洞察能力、果断的决心以及相当具体的安排，我深感钦佩。"科研人员汇报援阿任务进展时谈及化冶所曾转向研究半导体材料和器件的问题，方毅得知后直截了当地批评转向是"荒唐"之举。正因为承担了援阿任务，研究所的专业优势与人才队伍才得以保持，化工冶金学科也迎来了"科学的春天"。

湿法冶金室开展镍钴分离科技攻关

在大多数含镍矿物中，钴总是与它伴生在一起，因此钴镍分离始终是湿法冶金的重要课题之一。金川公司采用中和除铁、镍精矿沸腾除铜、氯气氧化深度除铁三段沉淀的净化方法。由于镍是渣的主要有价成分，镍流失进渣不但降低了主金属镍的直收率，而且增加了其他金属回收的复杂性。尤其是钴，要在专门建立的车间中，经过一个冗长的流程才能回收。陈家镛带领科研人员结合金川资源综合利用的需求，着重对硫酸盐及硫酸盐—氯化物混合体系中钴镍分离与净化除杂问题，在以下三个方面开展了系统性实验研究：一是根据原料中镍钴含量不同提出两种原则流程，一种针对金川钴渣、钴冰铜酸浸后液提出"季铵氯化物萃取除杂—季铵硫氰酸盐萃取分离钴镍"原则流程，另一种针对高冰镍电解液提出"季铵硫氰酸盐萃取除杂及分离钴镍"原则流程；二是针对金川矿的特点，进行了具有突出特点的相关净化除杂与分离钴镍的工艺研究，如高镍低钴的硫酸盐溶液中用季铵盐萃取分离锌、钴、镍；三是萃取净化除杂与分离钴镍工艺的推广应用。

1970 年末，湿法冶金室便开始了钴的萃取化学及钴镍分离新工艺、新设备的研究。选择季铵硫氰酸盐在硫酸盐体系中萃取分离钴、镍的研究在实验室取得很好的效果。实验发现这种萃取剂对钴有极高的选择性，而几乎不受镍的影响。因此可以在很宽松的条件下（对原料中的镍钴比没有苛刻的要求，不用考虑除镁问题，操作过程可以在室温下进行），用较少的萃取级数完成钴镍分离。之后，在新型混合—澄清萃取器进行初步连续流动实验，上述效果得到了验证，并在金川资源综合利用科研任务落实会上获得好评。

陈家镛和科研人员开展相关试验条件和结论如下：

（1）试验所用原料液是由北京有色金属研究总院提供的金川钴渣酸浸后的原液，pH 值为 2.0。其原料液成分：

元素	Ni	Co	Cu	Fe	Ca	Mg	Mn	Zn	SiO_2	Al_2O_3	Cl
浓度（克/升）	62.72	10.35	3.90	1.74	0.089	1.23	0.0076	0.0021	0.08	0.04	51.5

（2）萃取剂季铵盐为中国科学院上海有机化学研究所工厂生产的 N-263，其他试剂均为市售化学试剂。

（3）有机相配比：

萃取净化除铜铁：36% 季铵氯化物，10% 二 - 乙基己醇，54% 灯用煤油。

萃取分离钴镍：36% 季铵硫氰酸盐，10% 二 - 乙基己醇，54% 灯用煤油。

（4）试验设备：

萃取净化除铜铁工序采用新型单混合室及双混合室的混合澄清器串联组成。

萃取分离钴镍工序只采用新型双混合室混合澄清器串联组成。

流体输送和计量控制用计量泵完成。

金川钴渣或钴冰铜酸浸后液，用季铵氯化物在上述萃取设备中经过三级逆流萃取除铜铁、三级深度萃取除铜，使原料液中的铜铁与钴镍分离。负荷有机相经过二级洗钴、三级反萃铜铁、三级深度反萃铁，去除负荷后的有机相经过一级氯离子饱和处理后，继续循环使用。反萃水相用铁屑置换，得到粗铜产品，含铁的反萃水相沉淀达标后排放。除杂后的萃余液是含有一定氯离子的硫酸镍钴溶液，此液用季铵硫氰酸盐经过二级萃取钴、二级洗涤、三级反萃钴，得到纯净的钴溶液，可以根据需求，生产氧化钴、草酸钴、钴粉等产品。除钴后的萃余液经过捕收和吸附夹带的有机相后，经不溶阳极电解镍，得到镍产品，详见图 8-1。

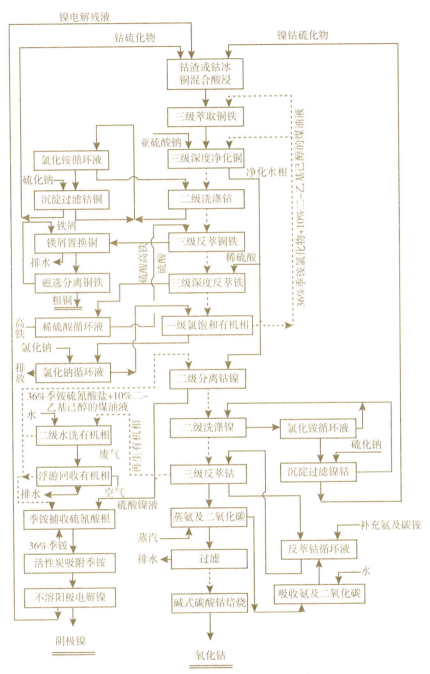

图 8-1　季铵盐萃取除铜铁及萃取分离钴镍流程图

陈家镛带领科研人员用金川真实原料液，成功完成了季铵氯化物萃取除铜铁、季铵硫氰酸盐萃取分离钴镍的全工艺流程连续流动扩大试验，充分验证了小实验所取得的各项工艺技术指标，获得令人满意的结果。

在萃取净化除杂与分离钴镍的工艺推广应用方面，陈家镛带领科研人员也做了大量卓有成效的工作。在金川连续数年坚持每年一次的科技攻关项目汇报、交流、研讨盛会，极大调动了众多科技人员的积极性。化工冶金研究所的研究成果不断涌现，《化工冶金》杂志连续发表了八篇金川铜镍矿镍钴分离的学术论文。国内有关单位技术人员看到相关文献，慕名来到北京找到化工冶金研究所寻求合作。上述研究成果有效推动了镍都的建设发展，同时也为其他地区相关行业的科技进步提供了支持。例如，萃取净化除杂及分离钴镍研究成果后来分别在天津熔炼厂和贵州平坝一七〇厂得以推广应用。

从 1978 年开始从事金川资源综合利用项目镍钴分离研究，到 1983 年研究成果获得两项中国科学院科技进步奖二等奖，再到 1986 年，陈家镛因取得重要成果受到国家科学技术委员会和中国有色金属工业总公司表彰，八年间化工冶金研究所科研人员顾不上家中的老人和孩子，以"咬定青山不放松"的精神执着科学研究，用智慧和汗水在金川这片热土上辛勤浇灌，圆满完成了既定的科研目标结出累累硕果。此外，该项目取得的成果也为其他相关行业的科技进步提供了支持。前文提到的将钴镍分离研究成果与"高温合金电解泥综合治理"项目相结合，出色完成了一个具有特色的完整湿法提取净化新流程，并在贵州平坝一七〇厂得以应用。1988 年，"高温合金电解泥的综合回收及环保治理"荣获国家科技进步奖二等奖（国防专用）。

技术改造转盘塔会战成功

1980 年，石油工业部委托清华大学、华东化工学院 [①]、化工冶金研究

---

① 华东理工大学的前身，新中国第一所以化工特色闻名的高等学府。

所，由石油化工科学研究院牵头，组织转盘塔会战。当时全国炼油厂的润滑油精制工厂均采用转盘塔，为了提高润滑油的黏度指数，会战对转盘塔进行了系统的研究。化工冶金研究所负责对轴向返混以及在塔中间采用中段回流，即从塔中段抽出一部分组分，经冷却后再打回塔内技术的研究，并且要提供转盘塔改造的数据。牵头单位石油化工科学研究院由范继先负责，受委托单位清华大学由汪家鼎负责、华东化工学院由苏元复负责、化工冶金研究所由陈家镛负责。转盘塔改造选择了北京东方红炼油厂的润滑油精制工厂，塔径为二点五米，塔高十二米，每日处理油量为五千吨。陈家镛组织化工冶金研究所科技人员经过近八个月的攻关，在直径为二百毫米、高二米的转盘塔实验，通过采用示踪法测定各种液流速度以及返混系数，并对中段回流作用进行测量，提出了工业转盘塔改造方案，最终由石油化工设计院根据这一方案进行了设计。1980 年年底对经过改造的转盘塔进行了工业试验，结果表明：中段回流技术等技术用于工业生产的转盘塔改造取得了显著成效，改造方案为全国的转盘塔改造提供了可靠依据。这一成果在石油工业部组织下进行了成果鉴定。

1980 年，陈家镛当选为中国科学院学部委员（院士）。

走向世界推动国际交流

全国科学大会的胜利召开，不仅让中国迎来了科学的春天，还为国内外科学家打开了一扇合作交流的大门。此后，陈家镛多次受邀出国访问，与美国、德国、加拿大、日本、澳大利亚、瑞典等国家的科学家同行们进行了友好深入的学术交流，吸收借鉴国外先进的理论成果和实践经验，为推动我国的化工、冶金以及环境科学与世界接轨发挥了重要的科学使者作用。

改革开放后，陈家镛第一次出国访问的是加拿大。1981 年 10 月 15 日至 11 月 5 日，他率团赴加拿大考察湿法冶金，先后参观了八个研究所、六个大学的冶金系、化工系或化学系，以及七家工厂，共二十一家机构。陈家镛每次出国考察回来后，都会及时将所见所闻和所思所想以总结的形式记录下来，特别是在总结的最后他都要加上感想及建议。这次加拿大之行让陈家镛百感交集，他总结了如下四点：一、考察的时间比较短，了解的情况不够深入，很多看法可能是错误及片面的；二、我们的湿法冶金科研队伍大，但工作成绩尚不够显著，需要不断提高科研人员的业务水平和科研单位的工作效率，进一步落实党的知识分子政策，鼓励人员流动；三、我们的研究基础很好，目前除了需要大力改进分析、物理检验及计算机等方面的装备及加强应用外，只要加倍努力应该能够取得具有世界先进水平的科研成果；四、加拿大各方面，包括大学及国家科学院都注重科研为生产服务，注重开展前瞻性及开拓性科研工作。我们应该向他们学习，化工冶金研究所应该将湿法冶金的化学、工艺、工程及设备四个方面的研究工作有机地联系起来，建立一套小型的扩大试验设备，更好地为国民经济建设及国防建设服务。这些深思熟虑的建议，不仅体现了陈家镛谦虚严谨、求真务实的工作态度，更彰显他高瞻远瞩、开拓创新的学术精神以及爱国爱民、献身科学的高尚情怀。

中日建交后，科学技术方面的友好交流也日益增多。1982 年 11 月 11 日至 12 月 10 日，陈家镛访问了日本的东京大学、东北大学、名古屋大学、京都大学、关西大学等六所大学，以及三菱金属公司、东京大学生产研究所、科学技术厅金属材料研究所等七家研究所。在此期间，陈家镛应邀作了题为"中国的湿法冶金"学术演讲，在日本同行中引起强烈反响，为化工冶金研究所与这些大学及研究机构的深入合作创造了有

图 8-2　陈家镛在日本京都大学进行学术交流

利条件。

离开美国二十多年后，陈家镛又旧地重游，多次访问美国的大学和研究机构，包括普林斯顿大学、宾夕法尼亚大学、加州大学伯克利分校、西北大学、普渡大学、犹他大学、罗切斯特大学、威斯康星

图 8-3　陈家镛夫妇与伊利诺伊校友会成员合影留念（1993 年）

大学麦迪逊分校等，还回到母校伊利诺伊大学和麻省理工学院与师生们进行学术交流。他介绍了中国湿法冶金的研究进展以及化工冶金研究所取得的研究成果，得到了美国同行的高度评价和赞誉。后来，伊利诺伊大学校友会还时常与陈家镛夫妇联络，送来母校的问候。

此外，陈家镛曾前往德国和英国参加了国际溶剂萃取会议（ISEC），以及在瑞典举办的超细粉末及纳米结构材料国际会议。1988 年，他还率领化工冶金研究所和金属研究所的同事们一起赴澳大利亚考察金、镍、钴的提取技术。回国后，中国科学院决定由陈家镛作为学术带头人，组织下属七个相关研究单位开展提金研究项目，落实国家对黄金的战略需求。

澳大利亚蒙纳士大学的劳森（Frank Lawson）教授（澳大利亚技术科学工程院院士、英国化工协会会士、澳大利亚矿业冶金协会会士）与陈家镛保持了几十年的友谊。他每年元旦前后都会给陈家镛寄来一封书信附带一张贺卡，他将自己一年的工作和生活情况作一简单介绍，朴实的文字里饱含着深厚的情谊。在劳森教授 2009 年参选蒙纳士大学的工程学博士荣誉称号期间，评选机构提出的条件之一是需要一位国际湿法冶金领域知名专家的推荐信，陈家镛受邀欣然执笔推荐。他们的友谊成为中澳两国湿法冶金科学家之间的一段佳话。

改革开放以前长期与国外同行的相对隔绝，使得国内的科学家想要充

分了解国外学科发展的最新情况非常困难。改革开放后，出国访问与各国同行交流的机会多了，陈家镛抓紧一切机会学习和整理有关湿法冶金的最新资料。在他的办公室里珍藏着不少出国考察总结报告，资料中的内容包括许多出国考察时密密麻麻的笔记，回国整理后供国内同行学习交流。那时西方国家与中国建立了外交关系，但是在一些尖端科学技术领域虽然允许中国科学家们参观，却不会提供具体资料。陈家镛在衣服口袋里放个小笔记本，边走边问，随走随记。在美国考察时，他就将参观的大学和研究机构分类整理，在各地访问时每位外国专家的报告要点都一清二楚，其中许多前瞻性的工作对我国相关领域的研究具有重要的参考和借鉴意义。

2010年，研究所新建的过程大厦落成了，与陈家镛一起共事几十载的"老伙伴们"——办公桌椅、卡片柜、图书资料等搬进新办公室。在搬家时，发现了承载着浓浓爱国之情、各式各样的小笔记本，陈家镛看到自己的这些珍藏时也不禁感慨万千。

点石成金研发无氰浸金

金是人类最早认识和使用的金属之一。二十世纪初，世界上大多数国家建立了以黄金为基础的货币体系，黄金储备的多少标志着国家财力的大小。1990年，为了摸清我国的黄金产量家底，中国科学院拨专款委托化工冶金研究所、沈阳金属研究所和大连化学物理研究所等单位深入调研全国的金矿开采和生产情况。陈家镛被任命为总负责人，负责组织确定研究方向，对具备大规模生产能力的厂矿进行技术指导。在陈家镛的领导下，各研究所开展了大量的工作，化工冶金研究所也一直与山东招金集团等企业保持着良好的合作关系。经过多年的努力，原来全国的主要金产区主要集中在东部地区、山东半岛和东北三省，如今在河南、陕西、新疆、内蒙古等地也有生产。

从矿石中提金、银最常用的技术是氰化法。该方法简易、经济、回收率高，只要把磨细的金矿浮选为富金精矿，用氰化钠即可浸出。但是，这一方法的最大问题是氰化钠毒性极强，而且氰化物水解生成挥发性的剧毒气体氰化氢（HCN），对人体和环境的危害极大。陈家镛带领的科研团队致力于采用非氰化湿法提金技术，即利用非氰试剂浸出金，而且在成本上与氰化法持平，从而减少对环境，特别是对水资源的污染，在以下三个方向开展深入研究。

一是硫脲浸金方法。

由化工冶金研究所的朱屯带领的小组负责开展了硫脲浸金的研究。硫脲是一种有机化合物，在水中溶解，且溶解度较大，水溶液呈中性，无腐蚀性，其主要特性是在水溶液中能与过渡金属生成稳定的络阳离子。研究人员首先采用硫脲作为浸出剂，再把含有金的浸出液用铁粉置换，就能够得到金的颗粒状粉末。通过对含金的黄铜矿进行实验，浸出率可达95%，证明该方法在技术上可行，并且具有无毒、浸出速度快的优点。但是，由于硫脲试剂单位用量过高，在成本上难与常规氰化法竞争。

二是硫代硫酸盐浸金方法。

使用硫代硫酸盐的氨性溶液作为浸出介质，适合处理碱性组分多的金矿。氨性溶液浸金矿时，速度较快、选择性好、试剂无毒，而且对设备无腐蚀性，被认为是很有前途的一种工业化非氰化提金方法。研究团队使用含铜的金精矿和含碳质的金矿开展了一系列的实验，证明了方法的可行，但是对硫代硫酸盐的回收问题没有彻底解决。

三是加压氧化法。

在一定温度和压力下的高压反应釜中，首先加入酸或碱氧化分解难处理金矿中的砷化物和硫化物。当金颗粒暴露出来后，再用氰化法把金从矿石中提出来。加压氧化过程所用的溶液介质，是根据物料性质选定的。当金矿的脉石矿物为石英、硅酸盐等酸性物质时，多采用酸性加压氧化；当金矿的脉石矿物主要为含钙、镁的碳酸盐等碱性物质时，则采用碱性加压氧化。

当时黑龙江团结沟金矿是采用酸性加压法除砷。国外企业是使用压缩空气来维持这一反应，这样就使得浸出高压釜压力很高。鉴于当时我国的化工机械制造水平，制造一两百立方米的高压反应釜很难。因此，团结沟金矿使用纯氧气代替压缩空气，成功地将操作压力降到四个大气压，最终使用国产设备进行工业生产。

这个方面工作由化工冶金研究所夏光祥负责，组织技术人员与山东招远黄金集团协同攻坚，采用团结沟金矿的方法，处理招远的含砷金矿，建立了日处理量一百吨的全精矿生产线，而且率先实现了由化工机械厂制造的一百立方米高压釜在生产上的应用，在清洁生产、环境保护等方面均达到了较高水平。2005年，"含砷难处理金银矿的催化氧化酸浸湿法冶金新工艺体系及工艺开发"获得国家技术发明奖二等奖。

与此同时，对于低品位金矿，二十世纪七十年代采用成本较低的大规模"堆浸法"在生产中也获得了应用。其原理就是将低品位金矿石堆在不透水的地膜上，并在该地面上预先设置了排水沟，然后对矿堆喷淋氰化物溶液进行渗滤浸出，通过排水沟收集含金的渗液于富液池中，再进一步处理回收金。经过四年的地质勘探，1990年在广西金牙发现了四十吨黄金的地质储量。当时进行了槽探，而且进行了矿山表土的剥离和非正式开采，已经堆放的表土层、槽探挖掘金矿石达两万吨。按照一般的处理方法，这些矿料就会丢弃到山谷中，但金牙的表土矿金含量为每吨三克，比一般工业品位还高，所以是宝贵的提金矿料。

针对金牙矿金的提取，陈家镛决定先处理表土矿，在实验室里进行了模拟堆浸的柱浸实验，建立了浸取柱、氰化液输送泵、活性炭吸附柱、载金碳高温高压解吸柱和含金液提金的金电解槽。金牙矿山派来了两位技术员，用金牙的矿石作浸金实验，经过了两个月的实验研究，得到了满意的实验结果。

1990年6月，由化工冶金研究所派科研人员去金牙金矿。首先是建设堆浸场地，选定地点后平整土地，用推土机按照要求建立有一定坡度的堆浸场（三至五度的倾斜度），在堆浸场最低处建立了溶液池和富液池并挖好排水沟。在基本建设完成后铺设地膜，把毫米厚的塑料软片平铺在堆浸场的平地上，对于膜接缝全部进行热焊接。用了近一个月的时间，用三部载重矿车运了近两千吨的矿石（表土均为颗粒状三厘米的矿粒），堆成一个两米高的矩形矿层，而后在矿表面铺设塑料管道，按一定距离安装喷淋头。浸取液由喷淋头喷出成细小液滴，经过两个月的喷淋回收了四千克黄金。矿石堆浸后的尾矿，再运至废矿的尾矿坝。第二次又堆浸运来的矿石四千吨，用原喷淋设备进行堆浸后成功回收黄金。通过金牙堆浸，基本摸清了矿石粒度、堆积高度、喷淋密度等因素对浸金的影响。从堆浸结果可以看出，原来的小型柱浸实验对堆浸生产所提供的数据是可靠的，能够指导堆浸生产。

第九章
化育科技人才　潜心著书立说

　　作为我国首批博士生导师，陈家镛践行科教融合的理念，指导和鼓励学生开展前沿交叉领域的研究，硕果累累；作为多家国内外知名期刊的主编、编辑，陈家镛不遗余力提升我国科技期刊水平，对如何办好国内科技期刊做了很多战略思考；作为一位化工冶金学家，陈家镛通过著书立说，将多年积累的宝贵知识传播开来，先后编撰《湿法冶金手册》《溶剂萃取手册》等十余本专业著作，许多论著都成为学术界的经典之作。

不拘一格培养科技新星

　　身为博士生导师，陈家镛从上世纪六十年代开始培养研究生，到1978年中国科学院成立了研究生院专门培养研究生，陈家镛对所有学生全心投入、因材施教、理论与实践相结合的理念始终未变，他始终坚信"青出于蓝而胜于蓝"。陈家镛既是导师又是榜样，学生们继承并发扬了他严谨治学、脚踏实地的学风和精神。鼓励年轻人选准方向、勇往直前，是陈家镛在九十岁生日时对广大中青年科技工作者提出的殷切期望。

在科学的春天里，中国科学院将研究生招生培养制度作为科研人才培养的主要方式予以正式确定。1978年，中国科学院研究生院[①]正式建院，这是经国务院批准创办的第一所研究生院，也是教育部正式批准成立的正规高校，是一所专门从事博士、硕士研究生教育的新型现代化研究型高等院校。化工冶金研究所成为研究生培养单位，1978年10月陈家镛被选聘为国务院任命的第一批博士

图 9-1　汪家鼎、时钧、陈家镛三位院士合影

图 9-2　陈家镛九十五岁生日时与学生和同事们合影

研究生导师。他先后培养了三十四名博士生、十六名硕士生以及九名博士后。毛在砂、方兆珩、卢立柱、邓彤等学生经过硕士阶段培养后，有的继续攻读博士学位，有的还被送到国外继续深造，现在他们大部分留在国内高等院校、科研院所研究机构以及企业工作。学生们也没有辜负恩师的期望，在国内外不同的岗位上努力工作，许多人成为单位的学术带头人或负责人。

毛在砂在1978年考取了陈家镛的硕士生。他清华大学毕业已工作十年。毛在砂的数学根底很好，陈家镛给他的选题偏重于在化工反应器的基础传质效能研究。当时还没有计算机，毛在砂使用计算尺、算盘和手摇计

---

① 现中国科学院大学。

算机，按化工数学模型来处理实验数据，完成了三年的学业。毕业后，陈家镛推荐他去美国进一步深造。毛在砂在美国休斯敦大学学习化工多相流，经六年攻读获得博士学位后，1989 年又回到化工冶金研究所工作。陈家镛安排他的小组做反应器的多相流动和相间传质的应用基础研究，同时激励他专注于应用数学模型和数值模拟计算，去发现和解决多相反应器模型化、放大和优化的问题，后来取得了显著成绩。

后来，陈家镛在毛在砂课题组内指导了做博士后研究的杨超。杨超是南京工业大学时钧院士的博士生。他采用"数学模型和数值模拟—新反应器发明—指导工业应用"思路，立足于传统化学工程学基础研究和国家工业发展需要，应用计算流体力学、多相传质原理、化学反应工程学等多学科方法，对搅拌槽、环流反应器、多相流动、混合、传递和反应动力学，进行反应器和颗粒尺度上的耦合研究，认识多相反应器的小尺度机理，以及反应器和小尺度之间、反应器内三传一反过程的相互作用规律，在此基础上建立多相反应器机理数学模型，开发高效的数值计算方法，并基于模型和数值模拟结果，指导发明了强化多相流混合、传递和反应的新型反应器。基础研究成果解决了重要工业应用问题，每年为企业增加上亿元经济效益。对于多相搅拌槽反应器和结晶器的流体力学、传质、传热反应（结晶）动力学的耦合数学模型，利用理论分析和数值模型方法，成功进行了十多套大型工业反应器（如甲苯氧化、苯甲酸加氢、酰胺化等）和结晶器的问题诊断、节能降耗改造和工程放大，产生了显著的经济效益和社会效益。发表的论文被国际同行多次引用并给予了良好的评价。毛在砂、杨超和恩师陈家镛一起以《多相体系的化学反应工程和反应器的基础研究及应用》获得 2009 年国家自然科学奖二等奖，《基于数值模拟的多相搅拌槽反应器设计和工业应用》获得 2009 年中国石油和化学工业协会技术发明奖一等奖。

1989 年北京大学博士毕业生刘会洲，由徐光宪推荐做陈家镛的博士后。徐光宪被誉为"中国稀土之父"，陈家镛就为刘会洲选择了金属离子萃取作为研究课题，并对他在表面化学及应用方面进行了深入指导，强调要把理论研究成果应用于生产中去。当时全国生产青霉素的企业有四家，都遇到了一个棘手问题，就是发酵液萃取浓缩时，产生乳化现象。为了解决这个生产问题只能加入破乳剂。但是，当时的破乳剂均为进口产品，而且价钱很贵。企业提出能否研制出国产破乳剂，降低青霉素的生产成本。陈家镛指导刘会洲开展研究，发现青霉素发酵液用乙酸丁酯萃取浓缩时，乙酸丁酯（油相）中含有青霉素（水相）的乳化，而在青霉素发酵液中也有乙酸丁酯的乳化。综合看是整体乳化现象，实际是两个乳化现象的结合。搞清楚了乳化机理，就为破乳剂的合成制备指明了方向，也就是说合成的破乳剂是包含对水相破乳剂和油相破乳剂的耦合。在实验室内完成了实验后，小批量合成了破乳剂，利用药厂生产线挤出的一些空余时间投入实际生产应用，取得了良好的试验效果。随后，通过成果转化，化工冶金研究所生产的破乳剂应用于华北制药厂、山东鲁抗、太原药厂等企业，替代了进口产品，为企业降低了成本、提高了效益。

1989 年，有一位名叫朱国才的学生报考了陈家镛的博士生，但因为种种原因错过考期一天才赶到化工冶金研究所。陈家镛了解情况后，于是请人事教育处孙茂芬专门为朱国才安排了补考，最终以优异成绩被录取为博士研究生。时至今日，朱国才还对恩师的知遇之恩感念不已。

图9-3　陈家镛与徐光宪（中）等专家评议论文（1994年）

陈家镛带的研究生较多，原先对博士生的培养是通过参加科技项目由第二导师进行指导的情况比较普遍。后来陈家镛发现这样的培养方式过于分散，而且有的博士生忙于完成项目，不利于自身的成长。在陈家镛的指导和建议下，1999 年研究所成立了"青年室"，由刘会洲主要组织，以成果转化产生的部分经济收益补充培养博士生的费用开支。陈家镛安排将所有招收的博士生脱离项目组单独培养，取得了很好的成效。同时，因为是陈家镛直接指导，研究条件也得到改善，配备了多台大型仪器设备供博士生使用，打破了过去由科技项目课题组带博士的"个体户"培养模式。"青年室"内的学生们思想活跃，相互交流，取长补短，培养出了一届又一届高水平科技新星。后来，"青年室"逐渐发展成为研究所的绿色分离实验室，并且在2008年成为中国科学院绿色过程与工程重点实验室。

绿色化学是国家可持续发展的必由之路，开发可再生回收重复利用的原料物料及技术应用目前已成为绿色化学热点之一。超顺磁性载体技术可对材料实现在外加磁场强化迁移，并进行分离再生，重复使用，并且还能将材料定位控制至特定区域，例如，在石油催化领域可方便地实现催化剂再生，在生化分离领域可对生物产品实现专一性富集和捕获，在生物医疗领域可实现药物靶向输送等。

在陈家镛的指导下，刘会洲领导研究团队应用多学科方法，利用过去取得基于乳液界面稳定性机理与多种聚合反应过程工程的成果，提出了多种超顺磁性聚合物钠／微球制造方法，建立了表面功能化技术和亲和配基固定化新技术，构造了高基团容量的多功能磁化微球，建立了磁性微球分离化产品、输送药物以及回收方法，开发了超顺磁性颗粒合成与技术应用一体化工艺过程，在创新化工分离和催化剂分离方面取得了成效。在超顺磁性颗粒的合成，表征的应用基础研究，开发建立了多种超顺磁性聚合物钠／微球及制造方法，表面功能化技术，亲和配基固定化技术，提出了磁性载体规模化制备工艺和技术路线。设计了相应的生产装置和设备，并进一步将设计的永磁分离装置用于催化工业生产中催化剂的回收，产生显著的经济和社会效益。该应用基础研究在科学上推动了我国材料化学工程研究的发展，也为其他化学材料、生物和化工过程结合的设计和实践提供科学方法的借鉴。该技术在巴陵石化公司用于己内酰胺生产中的六氢苯甲酸的催化加氢、江苏东龙实业有限责任公司及东北助剂化工有限公司的橡胶防老剂氢化生产，在工业装置上实现了放大应用，产生显著的经济效益。相关在研究成果发表了多篇论文，被国际同行多次引用并给予良好评价。"新型多功能超顺磁性颗粒的设计及规模化制备及应用"获2011年中国石油和化学工业联合会科技进步奖一等奖，"新型功能化超顺磁性颗粒的制备及在分离技术中的应用"获 2014 年国家技术发明奖二等奖。

李氏基金奖学金化工冶金研究所项目

李氏基金会是由侨居新加坡的著名华人实业家、教育家、慈善家陈嘉庚先生的女婿李光前先生（Dr. Kwo Ching Li）于 1952 年以其大半财产设立，用于捐助文教及社会公益事业。美国李氏基金会（The Li Foundation, Inc. USA., http：//www.lifoundation.org）以促进美国和中国间的友好关系为宗旨，在科学和医学领域，以及人文领域的研究提供奖学金。在众多资助项目中，由陈家镛负责的李氏基金奖学金化工冶金研究所项目自上世纪八十年代启动以来，先后选拔了二十八名冶金和化工等专业的青年科技人员赴美国留学深造，他们学成回国后在本领域各自做出了一番新事业，大都已成为化工冶金研究所即过程工程研究所的学术带头人或主要课题负责人。

1980 年李氏基金会主席 E. Leong Way 教授写信给当时的中国科学院院长方毅，提出资助国内大学毕业的冶金专业学生到美国攻读硕士学位，学成回国工作，加强两国民间友好关系的请求。方毅院长委托陈家镛调研和起草回信，中国科学院人事教育局也决定由陈家镛来负责此项工作。经过陈家镛与李氏基金会之间的多次书信商谈，双方最终达成协议，每年由李氏基金会资助一名化工冶金研究所的冶金和材料专业新近毕业的大学生到美国攻读硕士，期限二年，学成后回国服务。

化工冶金研究所由陈家镛负责遴选合格的派出人员，李氏基金会方面的联络人为基金会主席 E. Leong Way 教授，以及后来的主席 Taie Li 博士等人。李氏基金会资助的章程最初比较复杂，后来逐渐简化。起初成立以陈家镛为组长的五人评选小组，从申请者中选出三名候选人，材料递交李氏基金会，再由李氏基金会从中选定一人。后改为由评审小组和研究员提名，评审小组面试候选人，讨论通过后报李氏基金会审核确认。1982 年首位派出的青年科研人员是薛涛，他前往美国宾夕法尼亚州立大学攻读硕士学位。其后数十年间又有陈竹保、蒙星辉、陈长庆、李进善、陈宇飞、唐清、刘会洲、杨传芳、白辰东、谢渝春、杨超、郑诗礼、禹耕之等优秀青年科技工作者受李氏基金资助。按照李氏基金会最初的要求，资助化工冶金研究所的青年科技人员去美国攻读硕士学位的时间为两年；后来改为资助化工冶金研究所的硕士毕业生去美国攻读博士学位，给两年的奖学金，两年后自行争取资助来源。从上世纪九十年代中期以来，逐渐转变为资助国内的青年博士去做博士后研究，时间缩短为一年。从 2013 年起，李氏基金的资助名额增加为两人各一年。

历经三十多年的发展，这一项目在陈家镛的关心和指导下运转顺利，所内许多知名专家学者都曾作为选拔小组成员参与人员遴选。

1988 年初，由陈家镛、张宗诚、谢裕生、柯家骏、毛铭华五人为李氏基金奖学金候选人选拔小组成员。

2001 年，由陈家镛、张懿、刘会洲、毛在砂、喻克宁五人为李氏基金奖学金评审小组成员。

2005 年，陈家镛为联络人，刘会洲、张懿、毛在砂、张锁江五人为李氏基金奖学金评审小组成员。

2006 年 1 月 23 日，陈家镛由于健康原因不再担任联络人，评审小组会议同意由毛在砂接任。陈家镛在 2 月份给李氏基金会的年度报告向李氏基金会提出。此后，陈家镛和毛在砂共同签署与李氏基金会的来往信件，直至毛在砂从 2006 年 6 月起接任联络人的职务。2013 年评审小组为毛在砂、陈家镛、张懿、刘会洲、张锁江、齐涛、杨超。2016 年起，陈家镛由于健康原因不再参与评审。

陈家镛是青年的良师益友，经常教育大家要"学然后知不足"，"知之为知之，不知为不知"，注意"谦虚谨慎"和"言传身教"，勉励大家做"民族的脊梁"，"青年人要胸怀祖国，以民族昌盛为己任"，"要做可以帮助到别人的事"。陈家镛九十五岁生日之际和过世后，他的学生纷纷撰写回忆文章，用朴实的文字记述那段终生难忘的师生情谊：有的学生迷茫时先

李氏基金派出人员简表

姓名	年度	进修单位	合作导师
薛涛	1982—1984	宾夕法尼亚州立大学	
蒙星辉	1988—1990	南达科他矿业理工学院	
陈长庆	1989—1991	加利福尼亚大学洛杉矶分校	
陈宇飞	1991—1993	加利福尼亚大学伯克利分校	
刘会洲	1996—1997	麻省理工学院	T. A. Hatton
杨传芳	1997—1999	明尼苏达大学	E. L. Cussler
白辰东	1999—2000	弗吉尼亚理工大学	
谢渝春	2000—2001	麻省理工学院	
杨超	2004—2005	康奈尔大学	D. L. Koch
郑诗礼	2005—2006	犹他大学	J. D. Miller
禹耕之	2006—2007	圣路易斯华盛顿大学	M. Al-Dahhan
吕兴梅	2007—2008	亚拉巴马大学	Robin D. Rogers
梁向峰	2008—2009	哈佛大学	Zhigang Suo
王蕾	2010—2011	诺特丹大学	Franklin(Feng)Tao
李玉平	2011—2012	佐治亚理工学院	John C. Crittenden
王均凤	2012—2013	哥伦比亚大学	Ah-Hyung Alissa Park
程景才	2013—2014	麻省理工学院	R. D. Braatz
杨良嵘	2013—2014	麻省理工学院	T. A. Hatton
董海峰	2014—2015	怀俄明大学	Maohong Fan
李艳香	2014—2015	石溪大学	B. S. Hsiao
李平	2015—2016	美国太平洋西北国家实验室	Zheming Wang
冯鑫	2015—2016	诺特丹大学	Gretar Tryggvason
董坤	2016—2017	范德堡大学	Peter Cummings
潘峰	2016—2017	加利福尼亚大学尔湾分校	William J. Evans
张庆华	2017—2018	艾奥瓦州立大学	Rodney O. Fox
张红玲	2017—2018	美国阿贡国家实验室	Xiao-Min Lin
石春艳	2018—2019	范德堡大学	Shihong Lin
穆廷桢	2018—2019	密歇根大学	Xiaoxia Nina Lin

生鼓励点拨，有的学生逆境时先生出手相助，有的学生困难时先生自费贴补……字里行间充满了学生们对恩师的感激与思念之情。

身体力行关怀科技期刊

陈家镛长期积极参与科技期刊的编辑工作，为提升我国科技期刊的国际影响力付出了大量心血。他在化工、冶金、石化、生物工程等科技期刊上发表了二百余篇署名科技论文，深知科技期刊和科技会议一样，是国内和国际科技工作者学术交流必不可少的平台。他十分支持国内科技界同人办好中国人自己的科技期刊，一方面可以促进科技人员互相学习、借鉴，避免重复性工作；另一方面也真实记录着中国科技发展历程。陈家镛除了经常督促身边的同事和学生们认真总结科研成果、撰写科技论文外，他还身体力行，积极参与科技期刊的审稿和编辑工作。他先后担任《化工学报》《化工学报》英文选辑和 *Hydrometallurgy*（《湿法冶金》）编委，以及《中国有色金属学报》和《中国有色金属学报》英文版（*Transaction of Non-ferrous Metal Society of China*）副主编，为这些期刊的发展做出了重要贡献。后来，他因年迈辞去《湿法冶金》国际顾问委员会成员时，经慎重考虑，最终推荐了柯家骏研究员继任，这为保持中国科技界在国际湿法冶金界的影响力起到了积极作用。陈家镛从 1993 年英文刊《中国化学工程学报》（*Chinese Journal of Chemical Engineering*）创刊立卷起，就和天津大学余国琮院士一起担任双主编，直至 2011 年换届由费维扬院士接任，而他仍然担任荣誉主编，直至去世。他对中国化工界的这份国际窗口杂志的成长和发展做出了重要的贡献。

陈家镛对中国期刊的发展提出过很多战略性思考。他十分关注中文科技期刊的发展，也重视办好一批英文期刊，从而在国际科技期刊之林中迅速提升我国科技水平和影响力。2002 年 1 月 10 日《科学时报》上发表了他的署名文章《办好我国的科技期刊》，文中提出了若干中肯的意见。他指出："在科技论文发表的质量与数量上我国继续取得进展，这是与从人口大国向科技强国前进密切相关的一件大事，这种进展也应该体现在我国的科技论文在世界科技论坛上的影响上。"但是，"我国自己编辑的刊物的质量没有得到与我国科技综合实力发展相应的提高"。分析其原因是"近年来有过度强调要发表在国外 SCI 收录的杂志上的风气""过分重视影响因子的高低"，需要解决"我国出版的外文科技期刊在国际上的顺畅发行"和办刊经费拮据的问题。

他呼吁："要提高我国的科技水平，需要出版一批高水平的学术刊物。这首先要努力提高我国的科技水平，鼓励我国的科技工作者将自己优秀论文的相当一部分发表在我国自己的科技杂志上。"

言犹未尽，陈家镛又在 2002 年 7 月 24 日的《科学时报》上发表了题为《应鼓励科学家在国内期刊发表高水平论文》的署名文章，更加清晰地梳理了我国期刊未能在国际上取得与我国综合经济实力相应的地位的原因，主要是"我国不恰当地强调在具有高影响因子的 SCI 源刊上发表文章""刊物在国际上销售渠道不畅"和"面向国际交流的学术期刊还存在一个严重的经费问题"。他呼吁"应鼓励科学家在国内期刊发表高水平论文"，"希望随着各方面认识的提高，以及科研人员及编辑人员的不断努力，得到合理解决，从而使我国科技期刊在国际上的学术地位得到不断提高"。

作为《中国化学工程学报》的主编，陈家镛倾注了心血和智慧，包括组织和更新编委会，提出办好杂志的大政方针，指导编辑部工作，处理和裁决作者和读者的投诉，解决审稿、编辑的具体问题等。在两位主编的领导下，《中国化学工程学报》于 1993 年成立了国际编辑顾问委员会，1995 年被 EI 收录，1996 年被 SCI 收录；影响因子（IF）从 2002 年的 0.393 上升至 2020 年的 3.171，引用频次也逐年稳定增长。为了进一步挖掘《中国化学工程学报》发展潜力，改变化工学会为唯一主办单位、财力拮据的状态，陈家镛和余国琮两位主编倡导，并会同中国科学院化学部的新老院士与化工学会和化工出版社的领导多次协商，一致同意将化工出版社补充为《中国化学工程学报》的共同主办单位。这一举措有效地发挥了出版社对杂志的财力、人力和规范化编辑的优势，杂志多次获奖，包括全国石油和化工行业优秀报刊一等奖和中国科协 2012 年优秀国际科技期刊奖二等奖；获得中国科协"择优支持基础性和高科技学术期刊专项资助"和"国家自然科学基金重点学术期刊专项基金"的资助。

与此同时，陈家镛高度重视青年编辑的培养，积极培育期刊编辑工作的后备军。自从担任《中国化学工程学报》的主编后，每届编委会改组，陈家镛都悉心地从我国化工界的中青年优秀人才中选拔补充编委，并在编辑工作中给予耐心的指导和帮助，使得他们能够较快成长起来。例如，1989 年毛在砂从美国获得化工博士学位回到化工冶金研究所工作后，陈家镛就注意对他的培养和锻炼，先是让他作为英文顾问，协助编辑部润色通过同行审稿的稿件。毛在砂修改英文干得很认真，就像陈家镛先生当年修改他的第一篇英文投稿一样，"通篇都改红了"（毛在砂语），因此得到了学报编辑们的赞许。1999 年底，学报编委会换届，陈家镛"举亲不避嫌"，毫不犹豫地推荐了毛在砂担任学报的副主编。牢记陈家镛先生的教诲，毛在砂担任副主编至 2017 年，审稿工作一丝不苟，严把论文质量关。跟恩师一样，毛在砂认为提高稿件的质量，不仅是为了对得起向杂志投稿的作者，以及阅读、参考本刊的读者，还有助于建立杂志的信誉和声望。是陈家镛严谨治学、踏实勤奋的学术精神，潜移默化地影响着身边的同事和学生身体力行。

笔耕不辍编撰专业书籍

作为我国湿法冶金的开拓者和奠基人，陈家镛在著书立说、知识传播方面始终不遗余力，在他的著作中既有面向专业人士的大型工具书，又有服务百姓大众的科普系列丛书。特别是 1990 年至 2010 年间，陈家镛的几部重要著作相继出版问世。同时，他鼓励并指导原四室的同事和学生们将学术积累整理成书，内容涉及湿法冶金、溶剂萃取、化学反应工程、环境工程等领域，这里介绍其中的几部代表作。

1991 年 12 月，陈家镛、于淑秋、伍志春等编写的《湿法冶金中铁的分离与利用》一书由冶金工业出版社出版。该书介绍了铁的水溶液化学、湿法冶金中分离铁的各种方法，其中重点介绍了黄铁矾法、针铁矿法、赤铁矿法以及溶液萃取法除铁的原理及应用。该书还介绍了世界各国的研究者针对一些特殊冶炼过程和无机盐制备过程而研究的各种分离铁的新技术以及铁回收后的综合利用等。该书的序言指出，"作为多种湿法冶金及无机化工过程的一个重要工序，它既带有普遍意义又带有鲜明的特殊性。"

汪家鼎院士认为这就是该书的特色，是国内外第一本该专业的著作。全书内容丰富新颖，铁的水溶液化学和铁的萃取化学论理密切结合，论述各种除铁工艺选材精炼、论述严谨。尤其可贵的是在萃取法除铁的理论基础和各种工艺中都有编著者多年研究和工艺开发的大量成果。汪家鼎院士最后指出，该书是一本水平高，信息量大，科学与实用性均强的优秀著作。[1]

师昌绪院士认为，《湿法冶金中铁的分离与利用》一书具有以下三个特点：一是该书的重点在于采用萃取化学除铁，结合现代化工生产流程，面向应用；二是该书所采用材料在很大程度上是根据作者、国内科研单位与工厂实践的结果而编写出来的，较之那些完全基于国外数据或分析结论而编写的专著更符合国内实际情况；三是该书理论与实践相结合，可读性高，对从事理论研究与实际工作的科技人员既有实用性，又有启发性。[2]

图 9-4　陈家镛向杨柏龄赠阅自己的专著（1998 年）

---

①　来源于老科学家学术成长资料采集工程陈家镛小组整理的同行评价资料，YX16-008-002。

②　来源于老科学家学术成长资料采集工程陈家镛小组整理的同行评价资料，YX16-008-001。

1998 年 6 月，陈家镛、杨守志、柯家骏、毛铭华等人编写的《湿法冶金的研究与发展》一书由冶金工业出版社出版。该书是化工冶金研究所建所以来关于湿法冶金的研究与发展的总结，主要包括难浸取矿石的湿法冶金及相关的反应动力学和反应工程学的研究、溶剂萃取技术及相关的工程学研究等内容，介绍了采用湿法冶金方法制备金属粉末材料，着眼于改善生态环境的湿法冶金新工艺。

师昌绪院士认为，《湿法冶金的研究与发展》一书是一本具有我国特色而又具有高学术水平的专著。他在专家推荐意见中指出，化工冶金研究所四十年来对湿法冶金过程用于我国难选、复杂、低品位等方面的矿石资源及与其相关的学科性研究，进行了大量的研究与发展工作。在溶剂萃取分离金属的新机理与新方法、涂层粉末等的研制以及发展无污染冶金新流程等方面，均是有创新性且具国际水平的科研工作[①]。汪家鼎院士在专家推荐意见中指出，自五十年代以来化工冶金研究所在陈家镛院士的领导下从事湿法冶金的研究四十余年，工作中基础研究与工业应用密切结合，针对我国国情研究了大量复杂、低品位、难选金属矿石的湿法冶金方法应用于工业生产，与此同时进行了相关学科，如浸取机理与动力学、溶剂萃取新过程与新机理的基础研究，进行了浸取与萃取设备性能和新设备开发与放大的研究以及超细金属和涂层粉末制备的研究等，均获得多项具有国际先进水平的创造性成果[②]。朱永（贝睿）院士认为，该书内容密切结合我国实际，符合湿法冶金国际发展趋向，是一本学术水平高的专著，它的出版对于我国湿法冶金事业的发展及技术水平的提高起到了良好的推动作用。[③]徐端夫院士认为该书的出版不但填补了国内外湿法冶金基础研究和应用研究专著的空白，还将有助于向产业界推广我国在这个领域中的科技成果。在科技图书甚少的时期，适时地向我国有关专业人员提供这样一本既有理论又结合实际的专业科技书籍，对于促进这门新兴学科在我国的发展是很

---

① 来源于老科学家学术成长资料采集工程陈家镛小组整理的同行评价资料，YX16-008-003。
② 来源于老科学家学术成长资料采集工程陈家镛小组整理的同行评价资料，YX16-008-004。
③ 来源于老科学家学术成长资料采集工程陈家镛小组整理的同行评价资料，YX16-008-005。

有意义的。[①]

2001 年 8 月，由汪家鼎、陈家镛主编，集各相关领域的专家学者五十余人通力完成的《溶剂萃取手册》一书由化学工业出版社出版。该书是我国第一部全面总结溶剂萃取领域的基本理论与工业实践的工具书。全书分溶剂萃取基本原理、工业萃取设备、工业萃取过程、新型萃取分离技术的发展和萃取过程工业化五篇共五十六章，分别介绍了溶剂萃取的基本理论，工业应用的各类萃取设备，萃取在湿法冶金、化工、石油化工、稀土的提取和纯化、核燃料提取和辐照核燃料后处理、制药、食品、环保等各工业部门及行业的应用，其中许多是我国自主创新所取得的科研成果，反映了当时国内外溶剂萃取的发展水平。

2004 年 2 月，毛在砂、陈家镛编写的《化学反应工程学基础》一书由科学出版社出版。该书是《中国科学院研究生教学丛书》之一，论述了化学反应工程学的概念、原理、经典公式，体现了数学模型方法的应用，介绍了一些学科前沿的知识和发展状况。内容包括化学计量学、均相反应动力学、理想反应器、非理想流动模型、多相反应动力学、多相催化宏观动力学、非催化—固相反应、气—固催化反应器、气—液—固三相反应器和反应工程学中的数学模型方法等。该书（及讲义）是中科院研究生院（中国科学院大学）研究生教材，从 1988 年一直使用至今。

2005 年 5 月，由陈家镛、杨守志、柯家骏主编的《湿法冶金手册》一书由冶金工业出版社出版。该书是根据冶金工业出版社的出版规划，由陈家镛担任主编，组织国内十五家单位的四十七名专家学者共同撰写而成的一部大型工具书。陈家镛以八十三岁的高龄，组织编委们完成了凝聚他一生心血的巨著《湿法冶金手册》，也是他一生中最具代表性的著作。

《湿法冶金手册》全面系统地阐述了湿法冶金的基本原理、工艺流程、技术设备、工业应用、清洁生产等方面的内容以及国内外的最新科技进步和科研成果。全书共分四篇三十八章，约三百万字，主要内容包括：湿法冶金的概况，湿法冶金工艺的基本原理，湿法冶金过程的工程学原理及设

---

① 来源于老科学家学术成长资料采集工程陈家镛小组整理的同行评价资料，YX16-008-006。

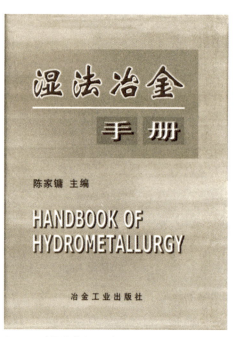

图9-5 《湿法冶金手册》书影

备，重金属、稀有金属、稀土金属、贵金属、碱土金属等各种金属的物化性质、矿物资源、湿法冶金的工艺过程、设备、环境保护及可持续发展等。该书可供湿法冶金工作者作为大型工具书使用，也可供从事冶金、化工、轻工、生物、化工等领域的教学、科研、生产等相关人员参考。

为向陈家镛在科技方面所做出的重大贡献致敬，中以合作的首颗微重力化工实验卫星，命名为"陈家镛一号星"，于2017年2月15日在印度成功发射。目前，已针对多相混合和多晶型药物结晶两个项目分别进行了微小卫星和失重飞机实验，取得了理想的实验结果。

2013年后，陈家镛院士在中关村医院住院治疗，同事和学生们去医院探望时，他时常挂念的还是他们的科研工作，即使在病床上还经常翻阅新近的《中国化学工程学报》印刷本。2017年11月6日，陈家镛院士的夫人刘蓉因病医治无效在中关村医院病逝，享年九十三岁。2019年8月26日，陈家镛院士因病医治无效在中日友好医院病逝，享年九十八岁。

陈家镛先生一生立志报国，将全部心血奉献给了中国的化工与冶金事业，是我国湿法冶金学科奠基人和化工学科开拓者之一。他心胸开阔，虚怀若谷，无私敬业，治学严谨，成就斐然，是一位出色的学者；关爱学生，立德树人，亦是一位优秀的导师。一代宗师开湿法冶金先河，后世楷模育满园桃李芬芳。陈先生的崇高品德和奉献精神，为后人树立了光辉的榜样，风范永存！

结　语
一腔报国志　湿法开金石

　　陈家镛是我国著名的湿法冶金学家、化学工程学家，中国科学院院士，中国共产党优秀党员，中国人民政治协商会议第四、五、六、七、八届全国委员会委员（1964—1997 年），中国科学院过程工程研究所原副所长、研究员。

年轻时科研能力非凡硕果累累

　　陈家镛先生 1922 年 2 月 17 日生于四川省金堂县，1939 年从成都县立中学（现成都七中）考入抗战时内迁重庆的中央大学化学工程系（现东南大学化学工程系、南京工业大学），1943 年以优异成绩毕业，留校任化学系助教。任教期间，尽管条件极其艰苦，在高济宇教授的指导下，成功合成了杀虫剂 DDT。1947 年考取公派留学赴美，1949 年、1951 年先后在伊利诺伊大学尔班纳 - 香槟分校（University of Illinois at Urbana-Champaign）化学工程系获得硕士和博士学位，博士论文为《多孔石墨管中碳与蒸汽及水的反应动力学》。

　　陈家镛先生 1952 年在麻省理工学院、伊利诺伊大学开展博士后研究。应博士导师约翰斯通教授的专门邀请，主持了"用纤维层过滤气溶胶"的研究，部分结果发表在 1955 年出版的美国《化学评论》上，后被译成多种文字，得到广泛引用和采用。该文被公认为气溶胶过滤领域的里程碑式文献，对空气污染控制和人体保护都有重要意义。

1954 年，陈家镛先生接受美国杜邦公司聘请，任薄膜部约克斯（Yerkes）研究所的研究工程师，并参加聚对苯二甲酸乙二醇酯的连续聚合过程的研究。他引入了当时刚刚兴起的化学反应工程学的概念，对聚合反应速度的控制因素提出了新的看法，用以解释各种情况下不同的聚合结果，并预测聚合速度还可以大大加快。他所提出的实验设计，后经一位同事证实，改变了当时对强化该过程的许多不同的看法及方法，受到学术界赞誉。同时他还研究发展了新型的聚合反应器，并进行了中试规模的扩大试验，取得了很好的效果。

我国湿法冶金学科的奠基人

陈家镛先生 1956 年 8 月回国后，协助叶渚沛所长筹建中国科学院化工冶金研究所，创建了中国第一个湿法冶金研究室，1958 年至 1984 年任室主任、研究员。1978 年至 1984 年任研究所副所长。

陈家镛先生率先采用化学工程学的观点进行湿法冶金学研究，提高了从原矿中提炼有色金属的提取率、降低了环境污染。湿法冶金是利用液相试剂和溶剂的化学作用，包括氧化、还原、中和、水解及络合等反应，将原矿（原料）中的有价金属提取和分离出来。湿法冶金作为一个独立的学科和技术，其快速发展主要始于第二次世界大战时期，当时许多化学工程师进入该领域解决铀的湿法冶金问题。陈家镛先生领导的湿法冶金研究室，在矿石加压浸取、加压氢还原、水热法制备金属粉末等方面，在国内均处于领先地位。

陈家镛先生十分重视科研工作与国民经济建设中重大课题的紧密结合，并致力于开展湿法冶金新工艺流程的研究。他带领大家破解了云南东川汤丹低品位铜矿、云南墨江氧化镍矿及进口高砷钴矿的冶炼难题，开发出加氢还原、加压氨浸等新技术，开创了我国湿法冶金的先河。二十世纪五十年代末，他提出了用加压氨浸法处理东川氧化铜尾矿的工艺，实现了氧化铜矿的湿法高收率提取。他多次到云南中试现场指导，使日处理百吨原矿的工业试生产获得成功。"东川氧化铜矿的高压湿法冶金"研究于1978 年获中国科学院重大科技成果奖。针对云南墨江低品位氧化镍矿直接湿法提取的难题，他提出了还原焙烧、湿法浸出的新流程。针对进口高砷钴矿含砷量高、有害环境的困扰，他开发出先除砷（固定化后埋藏）后提钴的新工艺。这些先进的湿法冶金新技术极大地满足了当时国家建设对有色金属的迫切需求。

1960 年前后，由于我国核工业发展的需要，陈家镛先生负责和指导"稀有金属研究二组"，完成了某碳酸盐型铀矿和某复杂含铜铀矿的湿法冶金提取试验研究，得到了合格产品。1980 年左右，为我国复杂、低品位及难处理金矿资源的开发利用，陈家镛先生指导科研人员进行加压氧化和微生物氧化预处理难选冶含砷金矿、高铅难冶炼金矿的处理、非氰化法提取金银等，这些开拓性研究为我国黄金事业的发展做出了重要贡献。他指导开展的有色金属硫化矿常压氧化浸出与在浆萃取分离耦合工艺的研究，成果丰硕。陈家镛先生最早提出用化学工程学新原理和方法用于有色金属矿物的湿法冶金过程的研究开发，为中国湿法冶金学科、化学工程学，以及冶金新过程开发、国防新材料研制、多相反应器等工业技术发展奠定了坚实的基础。

陈家镛先生非常关心我国的资源综合利用和环境保护，积极倡导清洁工艺。在环境治理方面，针对某厂高合金电解泥污染环境问题，他用湿法冶金方法进行金属回收，效果卓著，减轻了环境污染，取得了显著的社会经济效益，1988 年获国家科技进步奖二等奖（国防专用）。二十世纪六七十年代，在陈家镛先生的倡导下，化工冶金所先后成立了萃取化学组和萃取工程组，加强化工分离科学和工程的研究力度，成功地解决了甘肃金川镍、钴、铜共生矿中有色金属分离、四川攀枝花钒铬伴生的钛磁铁矿的钒铬离子分离的难题。他和同事们将研究发现的胺类萃取剂推广应用于更多的伴生金属体系，开发出钒和铬、钨和钼、铜和铼等一系列金属间的萃取分离技术，以及砷、磷、硅与金属钨、钼分离的新工艺。"胺类溶剂化萃取及其与中性萃取协同"项目获得 1987 年国家自然科学奖三等奖。在胺类溶剂化萃取理论思想的指导下，陈家镛先生带领大家将混合溶剂协同萃取的学术思想扩展至弱碱性条件体系，发现了从钨酸钠或钼酸钠溶液中分离除去砷、磷、硅等杂质、从硫代硫酸盐溶液中分离金以及混合萃取剂相转移萃取分离除铁新工艺。同时在转盘式萃取塔、振动筛板塔、新型混合澄清槽等分离工程设备的理论研究及应用上也多有创新，在石煤提钒、稀土分离、黄金提取等领域均获得工业应用。化工分离工程上的这些研究进展也为湿法冶金学的研究和工业应用提供了坚实的科学支撑。

谱写多相化学反应工程学新篇章

陈家镛先生是我国化工学科开拓者之一，他深知化学工程学科基础对包括化学工业、冶金工业在内的过程工业技术进步的重要性，在七十余年的研究生涯中不断在化学工程学科上开拓进取。他倡导将化学反应工程学与湿法冶金研究相结合，开展气液固非均相反应器及非均相反应动力学的研究，取得了多项重要成果，成为研究所继续开展化学工程学研究的基础。

上世纪六十年代，他利用化学反应工程学的停留时间分布理论来研究湿法冶金中浸取矿物用的环流反应器的流体力学性质，为其设计、应用提供了理论依据。1980 年前后成功地开发了多层气提式环流反应器，在云南东川汤丹铜矿日处理百吨铜矿的工业试生产中和四川攀枝花含钒钢渣的钠化提钒浸取半工业装置长期应用，是国内湿法冶金行业中首次成功应用的例子。1981 年陈家镛先生提出环流反应器的分区模型，1990 年前后又将分区模型向机理化模型的方向推进，建立了二维两流体模型，首次用稳态算法数值模拟了环流反应器中的两相流体力学行为，为其他多相化学反应器的深入研究提示了新思路，研究处于化学工程学科前沿。

陈家镛先生在石油工业炼制用滴流床反应器的研究中，以创新的多学科交叉思路和机理模型化方法，对滴流床中的非线性滞后现象、流动分布的不均匀性和滴流床数学模型参数进行了深入的研究，有效推动了多相反应器模型化的工作。随着相关工程科学和计算机技术的长足发展，他倡导用数学模型和数值模拟方法研究多相体系中液滴、气泡和颗粒的运动和传质过程，进而对多相搅拌槽反应器中的整体流动和化学反应进行深入研究，获得的研究成果有力地推动了化学工程学科的深入发展，"多相体系的化学反应工程和反应器的基础研究及应用"项目获得2009年国家自然科学奖二等奖。

创建化工分离科学与工程新方向

二十世纪八十年代，陈家镛先生从国家的重大需求出发，提出将分离工程研究拓展到生物化工领域。他指导研究生开展抗生素新萃取体系和生物产品高效分离方面的研究，并从界面现象出发，对萃取体系微观结构和成相机理进行了深入研究，提出了反胶团萃取机理和多聚物胶团形成及解离机理等，取得了一系列前瞻性的创新成果。针对生物发酵复杂体系中的生物医药产品，如青霉素、林可霉素、去甲基金霉素等抗生素的萃取分离过程，研制出若干卓有成效的混合溶剂体系，获得具有自主知识产权的专利技术，实现了生化医药产品的高效分离。"青霉素生产中新型高效破乳剂的研制及应用"项目获1995年国家科技进步奖三等奖。同时，从工业应用角度出发，重点对萃取中微乳液的微观结构和形成机理开展研究，开发了一系列的微乳相萃取新过程，如反胶团萃取、聚合物胶团或聚合物反胶团萃取、预分散溶剂萃取及液膜萃取等。利用反胶团微乳液特点实现了生物酶的快速萃取分离，并用脂肪酶进行了手性药物布洛芬异构体的拆分。

陈家镛先生带领学生拓展了油品生物脱硫研究，利用微生物将噻吩类杂环含硫化合物中的硫原子从柴油中脱除，进而提出强化微生物脱硫的代谢工程改造方法、细胞磁性固定化和单细胞固定化方法，建立了微生物脱硫与吸附脱硫耦合的柴油超深度脱硫和脱硫产物资源化转化新工艺过程。

陈家镛先生针对纳微尺度超细颗粒难以在线高效分离的国际性难题，实现了含功能基团的超顺磁性颗粒规模化制备和连续分离设备的创制，解决了有机单体与无机纳米颗粒的融合问题，发明了纳米颗粒界面调控－喷流悬浮聚合规模化合成超顺磁性颗粒和高基团容量磁性颗粒表面修饰新方法。这一成果已经成为本领域的经典方法，被国际同行广泛使用。并且利用磁颗粒特殊界面性质及气体辅助富集的方法，创制了规模化连续分离的磁分离工艺设备，发明了生化产品磁性吸附与解吸的连续生产工艺，在国际上首次应用于工业酶分离过程。"新型功能化超顺磁性颗粒的制备及在分离技术中的应用"项目获 2014 年国家技术发明奖二等奖。

开拓特殊复合粉末材料新领域

二十世纪六十年代末到七十年代初，根据国家需求和化冶所的学科基础，陈家镛先生率先开展了"涂层复合粉末 – 超细粉末 – 陶瓷粉末"的制备和应用。他带领大家开展制备镍包铝、镍包石墨和钴包碳化钨等涂层复合粉末的研究，并大量生产以满足国防工业和国民经济的需要。"复合涂层粉末研制（镍包铝、钴包碳化钨、镍包石墨）"项目荣获 1978 年全国科学大会奖。随后，适应国民经济和国防建设不同需要的复合粉末材料，如镍包铝粉、钴包碳化钨、镍包石墨粉及铝包空心玻璃球等，镍包硅藻土、镍包金刚石、镍铬包硅藻土、镍铬包碳化硅等，以及超细镍粉、超细钴粉、铜粉、镍包钛、超细氧化物等多种超细粉末，也相继研制成功，并在相关装备上获得了广泛应用。这些材料通过热喷涂等手段，形成飞机发动机上的耐磨、自结合及封严等方面的涂层，从而降低了油耗，提高了发动机寿命及推力等，打破了发动机封严涂层材料的国外垄断，实现了自主可控。"镍包硅藻土封严涂层"项目获中国科学院 1981 年重大科技成果奖一等奖。

学术贡献卓著蜚声海内外

二十世纪八十年代以来，已步入花甲之年的陈家镛先生仍在学术活动方面非常活跃，先后接待了欧洲和美、日、澳等国的许多著名学者，组织了多次学术讲座，促进了国内外学术交流，活跃了所内的学术气氛，并到澳大利亚、美国、加拿大、日本、英国、德国、苏联、比利时、新加坡等国参加学术会议，进行讲学或学术访问。他主持召开了第一届"国际湿法冶金会议"（1988 年，北京），取得圆满成功。陈家镛先生数次参加国家科技发展长远规划的制定，曾任国家科委化学工程学科组副组长，为推动我国化学工程学科建设和发展做出了重大贡献。他曾任中国有色金属学会副理事长、是《中国化学工程学报》（英文）的创始人之一并曾长期担任主编，曾任《中国有色金属学报》中英文版的副主编、国际杂志《湿法冶金》编委、《化工学报》顾问编委，陈先生一直强调好论文要投中国的期刊。

陈家镛先生一生成果和著作颇丰，他主编的《湿法冶金手册》（2005年）以及与汪家鼎院士一起主编的《溶剂萃取手册》（2001年）成为相关专业必备的大型工具参考书。

陈家镛先生曾获1978年全国科学大会奖两项、1980年国家发明奖三等奖、1987年国家自然科学奖三等奖、1995年国家科技进步奖三等奖、1996年何梁何利基金科学与技术进步奖、2009年国家自然科学奖二等奖、2014年国家技术发明奖二等奖等。

学界楷模育满园桃李芬芳

陈家镛先生是一代宗师，开湿法冶金先河。他毕生从事冶金反应动力学、化学反应工程、化工和矿物分离、生化工程以及粉末材料等领域研究的同时，倾全力于人才培养，1965年之前指导了六名研究生，国家学位制度建立后指导毕业了三十四名博士、十六名硕士以及九名博士后。他是青年学生的良师益友，经常教育青年要"学然后知不足""知之为知之，不知为不知"，注意"谦虚谨慎"和"言传身教"；勉励研究生做"民族的脊梁""青年人要胸怀祖国，以民族昌盛为己任""要做可以帮助到别人的事"。

陈家镛先生一生热爱祖国，崇尚科学，严谨求实，虚怀若谷，无私敬业，将全部心血奉献给了祖国的化工与冶金事业，为青年后学树立榜样。斯人已逝，崇高品德，风范永存。

附录一　陈家镛年表

1922 年

2 月 17 日（农历正月二十一）出生于四川省金堂县一个知识分子家庭，父亲陈松谱是一位读书人，母亲陈颖明是一名贤妻良母。陈家镛排行老四，前面有三位姐姐是陈德华、陈德芳、陈竹筠，后面还有一个弟弟陈家森，五个妹妹是陈季芬、陈兆蓉、陈孝章、陈学宏、陈芷如。

1925 年

为躲避战乱，举家搬到成都居住，住址在青龙街，毗邻墨池书院。

1928 年

在成都县立高小读书。

1933 年

在成都县立中学校（今成都第七中学）初中三十五班学习，成绩优异。

1936 年

在成都县立中学校读高中。他看到当时中国受外强压迫、国土丧失的惨状，激发了以科学和工业救国的强烈愿望。

1939 年

10 月，考入重庆国立中央大学化学工程系。大一时在柏溪分校学习。

1940 年

10 月，在国立中央大学沙坪坝主校区（现重庆大学所在地）学习。

1943 年

8 月，以优异成绩从国立中央大学化学工程系毕业。

10 月，留校工作，在国立中央大学柏溪分校化学系任普通化学和有机化学助教。

1944 年

10 月，在中央大学沙坪镇校区担任化学系普通化学和有机化学助教，其间旁听了数学系和物理系的课程，并在高济宇教授指导下开展研究工作，在抗日战争极其艰苦的条件下合成了有机杀虫剂 DDT。

1947 年

9 月，通过公派留美考试，赴美留学，到伊利诺伊大学（University of Illinois）厄巴纳－香槟（Urbana–Champaign）分校化学工程系攻读研究生，师从斯万教授，并得到他的经济资助。

1948 年

12 月 23 日，与同在伊利诺伊大学学习的刘蓉女士在美国伊利诺伊州厄巴纳注册结婚。

1949 年

6 月，在伊利诺伊大学化学化工系获硕士学位。后来师从约翰斯通（H.F. Johnstone）教授攻读化工专业博士学位，研究课题为碳（石墨）与空气及水的反应动力学，一切科研设备都要自己设计制作，仪器仪表都要自己安装调试、动脑设计、动手组装，掌握了车床、钻床、焊接等方面的技术。

1951 年

2 月，赴美国麻省理工学院（MIT）化工系任博士后副研究员，研究 $C+CO_2 \rightarrow 2CO$ 反应动力学，直至 1952 年 8 月。

7 月，在伊利诺伊大学化工系获博士学位。主要结果 1952 年在《工业和工程化学》（*Industrial & Engineering Chemistry*）以论文发表：Kinetics of the Steam–Carbon Reaction in Porous Graphite Tubes（44 卷 7 期：1564—1569）。

1952 年

9 月，陈家镛博士生导师约翰斯通教授获得"用纤维层过滤气溶胶"的研究课题资助，邀请他回伊利诺伊大学化学系任研究副教授，开展该项研究工作，直至 1954 年 1 月。部分研究结果在 1955 年美国《化学评论》杂志上发表后，引起了各方面重视，曾被译成多种文字，被认为是那个时期气溶胶过滤领域工作的总结。

10 月，大女儿陈明在伊利诺伊州厄巴纳出生。

1954 年

6 月，接受美国杜邦化学公司薄膜部在纽约州布法罗的约克斯（Yerkes）研究所聘请，担任研究工程师，参加开发聚对苯二甲酸乙酯的连续聚合过程的工作。在研究工作中，他引入刚兴起的化学反应工程学概念，对聚合速度的控制因素提出了新看法，并预言还有大大加快聚合速度的可能性，后被另一位同事的实验予以证实。

9 月，小女儿陈安在美国纽约州布法罗出生。

8 月，举家乘威尔逊总统号轮船，从美国经"武装护送"借道香港，从深圳入海关返回祖国，经广州乘火车到达北京，行程共五十余天。在化工部侯德榜先生的安排下，与郭慕孙等人参观了许多大学及研究所后，他决定参加化工冶金研究所的筹备工作。

11 月，正式加入化工冶金研究所，聘任为研究员，自此开始了毕生的湿法冶金和化学工程科研生涯。进所后计划开展的第一个课题是氧化铜与二氧化硫及氧的焙烧动力学。

按叶渚沛先生所选定的学科方向，正式开展了"氧化铜硫酸化焙烧动力学"科研工作，还参与化工冶金研究所的筹建工作。主持云南东川氧化铜难处理矿的湿法冶金过程。化工冶金研究所的主楼正在兴建，办公室借用化学研究所五层的几间办公室。

2 月，接受"东川难选低品位氧化铜矿的湿法冶金"研究任务，组织在红楼筹备中间试验装置。

6 月 30 日，完成了东川尾矿湿法提铜实验报告及初步流程设计。

9 月，建立了稀有一组和稀有二组，工作内容仍是湿法冶金，研究如何从广西铀矿中提取铀。因为铀矿的品位极低，提取铀的工作非常困难。工作开展后，国防科委高度重视，后另组织了专门研究机构。

10 月，正式担任化工冶金研究所（现过程工程研究所）"湿法冶金研究室"主任。这是国内第一个以化学工程学观点从事冶金研究的实验室，当时在许多方面都处于国内领先地位，陈家镛也成为我国湿法冶金的开拓者和奠基人。

1959 年

指导从事铀矿资源的湿法冶金提取研究，先后完成了国内某碳酸盐型铀矿和某复杂含铜铀矿的湿法冶金提取试验研究，通过湿法浸出和离子交换法富集与分离、制取 U_3O_8，向有关部门提交的试验工作报告获得好评，是国内较早开展此项研究的单位之一。

8 月，开展东川尾矿处理的同时，还对墨江的镍矿开展湿法冶金提取工作。墨江镍矿提取相当困难，单纯的酸浸或常规氨浸浸出率较低，因此采用了先还原焙烧，而后氨浸的流程，使镍的提取有较高收率。

1960 年

由叶渚沛和陈家镛提出的"用加压氨浸处理东川难选低品位氧化铜矿的过程工程研究"，从 1960 年开始在东川建立中间试验车间，先后进行了十吨每日和百吨每日的扩大工业试验，中间试验车间一直运行到"文化大革命"开始后。陈家镛经常到现场指导，杨守志负责现场总指挥，实验室十多位同事多次长时间参加现场工作。

8 月，承担对小型铜矿土法提铜的研究，在常温、常压方法对不同含铜的矿样进行了提铜的研究，寻找出适合小型厂矿企业的提铜方案。

10 月，冶金工业部召开会议，责成化工冶金研究所在云南东川建立尾矿提铜的中间试验车间，由国家投资，有色设计院负责设计。湿法冶金室在红楼区完成了东川尾矿连续管式高压釜内氨浸取扩大实验、在高压下蒸馏氨水及铜氨液的实验、在管式高压釜中用矿浆吸收氨及二氧化碳的实验，为设计院提供设计依据。在总结高压设备使用经验的基础上，制定出高压操作安全技术规程和高压设备操作技术规范。

11 月，中科院数理化学部主任严济慈到昆明考察。在昆明主持召开有色金属冶金学术会议。陈家镛带队出席，并汇报了东川汤丹矿氨浸的结果，得到好评。随后陈家镛、杨守志考察了云南个旧、墨江、东川的有色金属矿。

化工冶金研究所成立第一届学术委员会，担任委员（共九人）。

"文化大革命"结束前，一直兼任中国科学院长沙矿冶研究院冶金研究室主任，指导有关铀矿等湿法冶金提取的研究工作。

1961 年

冶金工业部在东川黄水箐建设了十吨每日氨浸扩试车间。化工冶金研究所先后派杨守志、尤彩真、黄勤福、安振涛、蒋继强、范正、黄安吉、韩乃江、夏光祥等去东川，参加设备安装和调试。

东川难选氧化铜用矿浮选方法可回收的为硫化铜矿，能否直接应用湿法冶金提铜，必须进行探索，陈家镛带领科研人员经研究实验得出结论，湿法冶金可以直接处理东川原矿，可将原来因民矿先浮选得到精矿去火法冶炼、尾矿湿法氨浸取铜的流程，变为一步直接湿法处理原矿提铜。同时自主设计制作中间试验车间的浸取设备——管式高压釜，解决了高压浸取工序的设备难题。

1962 年

11 月，前往东川矿务局黄水箐铜矿湿法冶金中间试验车间指导工作，历时一个月，当时东川中间试验车间全系统试车，杨守志任组长、尤彩真任副组长。后来，陆续完成了尾矿及原矿的连续浸取试验，并由夏光祥执笔写了《东川汤丹尾矿连续浸取报告》，由杨守志执笔写了《东川汤丹原矿氨浸取报告》，1964 年通过云南冶金局的鉴定，为百吨每日的中间试验车间的设计和试验提供了依据，该中试于 1970 年完成。

为解决东川中间试验车间的扩大试验中遇到的问题，开展了多项相关研究工作。开展了空气搅拌反应器的研究，从单个冷模入手，对流场分布及影响因素进行系统测试研究，结果表明空气搅拌反应器可以用作氧化反应器应用于硫化矿的氧化，为此在东川按照浸取条件要求，设计出高温高压条件下用空气搅拌的反应器。在反应器材质选用方面，开展了氨、碳酸铵及铜的水溶液对几种金属材料腐蚀速度的研究，结果表明一般碳钢做的设备，可以安全正常地运转。在东川中间试验车间安装试车，浸取、过滤、蒸馏三个主要工序都顺利试车，并且能正常运转，1962 年年底实现长期安全生产。在课题研究方面，开展了高压下黄铁矿晶体浸取动力学研究，此研究过程中采用示踪原子来研究 Fe_2O_3 生成的机理。

为解决新发现的四川攀枝花钒钛铁矿高炉炼铁后排出的渣中含有二氧化钛的问题，开展了对攀枝花高钛渣中提取二氧化钛提取方法的研究。

1963 年

在全国化学工程学高校校际报告会上，陈家镛、苏立民报告了气提式环流反应器的最新研究结果《空气搅拌反应器的停留时间分布和流动形态》。

6 月 28 日—10 月 2 日，冶金工业部组织国外考察，由陈家镛任团长组团赴古巴考察，还有有色研究院、有色设计院人员参加。在古巴尼加罗工镍厂、摩亚湾镍厂等考察了三个月，了解湿法提镍提钴工厂的全部流程。陈家镛撰写的"赴古巴考察镍冶炼总结"，系统介绍了国外湿法冶金的情况。

7 月 10 日，中国科学院院长郭沫若聘请陈家镛为矿冶研究所学术委员会委员。

为解决摩洛哥砷钴矿在火法炼钴造成的砷挥发污染农田的问题，湿法冶金室利用高温高压技术，首先把砷转化为可溶水的盐，把砷从矿中取出，而后把此盐变成不溶水的固态物质进行深山掩埋，避免了砷对环境的污染，然后对矿石中含的钴进行浸出回收。

针对废气、废液、废渣的三废问题，陈家镛提出"清洁生产"的概念，力主减少环境污染，提倡变废为宝。

开展了高温高压制备镍粉对镍粉长大过程研究，根据镍粉在高压环境中长大的规律，可控制镍粉的形貌、粒度，对以后的应用提供了条件。

1964 年

开展了硫化亚铜（辉铜矿）酸浸动力学研究、镍冰铜在高压氨浸取研究、高温高压氢还原制取铜粉研究。

7 月 31 日，中国科学院院长郭沫若聘请陈家镛为贵金属研究所学术委员会委员。

12 月 24 日，在冶金工业部组织下，完成了东川汤丹铜矿石加压氨浸取湿法冶金中间试验工厂试验，并提交了技术鉴定报告书。

1965 年

为解决固液分离的关键问题，开展了喷射混合器串联水力旋流器多级逆流洗涤试验，以代替过去用滤布作为固液分离的传统方法，经过现场试验，结果表明可以连续逆流运转，效果好，可以在工业上应用。此研究结果在中国科学院成果展览会上展示。

探索避免矿浆在反应器里流动时分层现象的方案。

1966 年

"文化大革命"初期，科研工作受到影响，但陈家镛带领四室大部分同志仍然坚持开展从高浓度硫酸铵溶液中萃取铜镍及钴的研究。在东川中间试验车间对离心过滤机进行了试验，使得固液分离更快。而且对蒸铜氨络合物的蒸馏塔，为了防止结疤，改作为栅板塔，这样改的结果，可以防止蒸馏塔中氧化铜结疤堵塞塔内部流动通道，为提高栅板塔的处理能力进行了实验。

1967 年

化工冶金研究所研究方向改为半导体材料研究，直至 1974 年。陈家镛还坚持镍包铝等粉末材料的研究，并于 1973 年协助上海硅酸盐研究所严东生空天项目的研制。

1970 年

4 月，由外经部方毅部长主抓并委托化工冶金研究所承担的"阿尔巴尼亚红土矿综合利用"启动。陈家镛领导四室（湿法冶金实验室）与郭慕孙领导的三室（流态化实验室）科研人员协同攻关，采用流态化还原焙烧 — Fe_3O_4 磁选的技术—氨浸取镍钴路线，在中试的基础上，又在上海冶炼厂进行每日一百吨的扩大试验，取得了满意的结果。此成果获得 1978 年全国科技大会奖。

1973 年

"文化大革命"期间坚持科研工作，开展用有机溶剂 N-235 和 P-350 萃取分离镍钴的研究。

1974 年

化工冶金研究所从半导体材料研究退出，恢复了化工冶金的研究方向。

继续攻关援助阿尔巴尼亚项目，开展了阿尔巴尼亚红土矿氨浸过程中矿浆黏度的测定，及氨浸溶液用空气氧化方法除去硫的研究。

开展了从天津铜灰中回收铜锌的研究。

开展了碱式碳酸镍浆化氢还原制取镍粉的新工艺研究。

对气体提升搅拌反应器中心管的液体提升量进行了系统测量和数学计算。

1975 年

在天津完成了铜炉渣湿法处理流程进行浸取、萃取的小型试验，打通了全部流程。

气体提升搅拌反应器，就矿粉在反应器中临界沉降速度进行了考察。

援阿项目开展了提高还原氨浸过程中钴回收率的研究，并对浸取过程中铁、钴、镍之间关系进行了考察。

1976 年

在粉末材料方面开展了复合粉镍包铝，镍包碳化钨粉末的试制研究，并在四川斜井钻头上喷涂了化工冶金研究所制取的粉末，钻井试验取得成功。

对铜锌炉灰尾砂湿法处理提取金属铜锌进行了试验。

对热镀锌的灰渣的处理进行了小型试验。

粉末材料方面完成了镍包石墨粉末的制备，在碱式碳酸镍浆化氢还原制取了镍粉。研制了铝包空心玻璃球。建立了喷涂实验室，在几种粉末已能制备的条件下，对复合涂层粉末进行热喷涂，考察喷涂层的各种性质。

1977 年

为了提高气体利用率，气体提升搅拌器由几个单体设备向上叠加成为多层气体提升搅拌反应器，节约了用气量，同时向空间发展，节省了占地面积，对其流动进行了一系列研究，并为扩大工业设备提供设计依据。

进行了再生铅冶炼方法改进，与工厂合作做了现场的试验。

1978 年

3 月，全国科技大会召开，陈家镛为主要负责人的"复合涂层粉末研制（镍包铝、钴包碳化钨、镍包石磨）"和"阿尔巴尼亚红土矿还原焙烧—氨浸—氢还原湿法提镍钴新流程试验"科技成果获奖。

10 月，"文化大革命"后恢复招收的第一批研究生入学。陈家镛为首批获准招生的导师，经笔试和复试，共录取毛在砂、方兆珩、邓彤、卢立柱、朱肇森、储少军、刘后元、马克毅共八人，杨守志、舒代萱、柯家骏、夏光祥、范正等协助指导。

10 月，与郭慕孙一同被院党组任命为化工冶金研究所负责人。

化工冶金研究所第二届学术委员会（共十四人），任副主任，直至1981 年。

采用 P-204 从硫酸性溶液中萃取分离铜锌，用 N-263 在振动筛板萃取塔中从钒酸钠溶液中萃取钒。

对振动筛板塔的性能进行了研究且计算出流动特性，对多层筛板塔和并流鼓泡塔中的液体流动的轴向混合进行了研究，也对转盘塔的液泛特性进行研究。

提交湿法冶金氢还原方法研制镍包铝、镍包石墨、钴包碳化钨等复合粉末材料的报告及高压氢还原从钼酸铵溶液制取低价氧化钼报告，作为金属学会会议文件。

1979 年

从攀枝花红格矿回收钒铬，用溶剂萃取分离钒铬。

开展了攀枝花含钒钢渣用碳酸化浸取提钒动力学的研究，同时对伯胺萃取进行了机理研究。

对硫化铅精矿采用氨浸、固相电解还原提取金属铅进行了探讨。

用镍铬合金包覆硅藻土复合粉末研制成功。

《化工学报》从 1966 年"文化大革命"停刊十余年后复刊，由化学工业出版社出版，陈家镛任编辑委员会委员，后改任顾问委员，直至2011 年。

1980 年

8 月，当选中国科学院化学部学部委员（院士）。

10 月，担任化工冶金研究所副所长，直至 1983 年 11 月换届。

12 月，"还原氨浸法处理镍基合金电极泥"项目获国家发明奖三等奖，获奖人：陈家镛、张懿、梁焕珍、于红、夏光祥、罗绥明、裴春林。

对攀枝花钢渣提钒碳酸化浸取设备采取气升式反应器进行研究。

对气体喷管内结疤情况进行考察，并找出去除方法。

采用伯胺在振动筛板塔从钒酸钠溶液萃取钒。

采用季铵硫氰酸盐在硫酸盐溶液中分离钴镍。

萃取设备新型（双搅拌双室）混合—澄清萃取器进行了流动萃取反应，并对用伯胺萃取提钒进行了试验。

与承德化工二厂合作，进行了伯胺萃取钒及钒铬萃取分离的工厂试验。

为了提高东方红炼油厂的润滑油的黏液指数，开展转盘塔的研究，测定了转盘塔轴向混合系数及塔中部打回流的旁流流动的影响，研究结论指导了工业塔的改造。

化工冶金研究所第三届学术委员会（共十人），任副主任，直至1984 年。

对钴的萃取分离开展了季铵氯化物萃取除铜铁、季胺硫氰酸盐萃取除杂及钴镍分离。

开展了季铵盐净化铜铁及分离钴镍流动的扩大试验。

采用碳酸化转化法炼铅工艺研究，粉末材料方面开展了复合粉末在可磨耗封严涂层中应用的研究。

10 月，"文化大革命"后招收的第一批硕士生毛在砂、方兆珩、邓彤、卢立柱、朱肇森、储少军、刘后元共七人通过硕士论文答辩。其中毛在砂、方兆珩、邓彤、卢立柱、刘后元留所工作。

10 月 15 日—11 月 5 日，赴加拿大考察湿法冶金及粉末冶金情况，撰写了赴加拿大考察总结。

9 月，改革开放后首次"中美双边化学工程学术会议"在北京召开，汪家鼎任筹备委员会主席，陈家镛任催化及反应工程分组负责人。

开展了由攀枝花钛精矿的氯化烟尘中提取氧化钪的扩大试验。

开展了碳酸盐溶液中的含钙钒酸盐浸取动力学研究，及硫酸镍加压氧化酸浸动力学的研究。

粉末工作从湿法蓝色氧化钨氢还原制取钨粉。

3 月，在美国亚特兰大召开的第三届国际湿法冶金会议上作《中国的湿法冶金》（*Hydrometallurgy in China*）的大会报告。

与吉林冶金所合作开展了加压氨浸杂铜阳极泥新工艺研究。

与攀钢研究所合作完成了自天然碱处理攀枝花含钒铁水的钒渣中提钒及回收钠盐扩大实验研究。

开展了个旧硫化铅矿湿法脱硫——鼓风炉焙烧冶炼工艺和锌精矿加压

氧化酸浸工艺的研究。

1984 年

中国有色金属学会，任副理事长。

化工冶金研究所第四届学术委员会委员（共十五人），直至 1991 年。

与云南合作对个旧硫化铅矿公斤级湿法脱硫进行了扩大实验。

通过对铅固相电解的设备研究寻找出相应设备。

与上海叶树工业公司合作，完成固相电解炼铅新工艺的扩大实验。

与株洲钨钼厂合作完成自钼精矿高压碱浸溶液中分离提取钼镍扩大实验。

1985 年

化工冶金研究所成立第一届学位委员会，担任委员（共八人），直至 1988 年。

与东北工学院合作，完成用季铵萃钒和综合回收二氧化硫及钠盐中间试验工厂实验。

对固相接触电化学法制备铜包石墨及其机理研究。

从废可伐合金材料中分离回收钴镍生产性实验。

1986 年

具体指导了中国科学院黄金资源开发研究的重大项目和国家自然科学基金的重点项目——我国复杂低品位及难处理金矿资源利用的理论及新过程研究。化工冶金研究所分别在加压氧化预处理和微生物氧化预处理难选冶含砷金矿、高铅难冶炼金矿的处理以及非氰化法提取金银等方面进行了开拓性研究，取得了一批重大的科研成果。

负责双混合室新型萃取器萃取钼对其液滴尺寸及其分布研究。

对新型转盘塔的滞存率进行测定，而且采用微型计算机应用于转盘塔优化控制。

对含砷金精矿采取新工艺处理，用催化氧化氰化法处理解决了砷包裹的问题，解决了提金问题。

碱式碳酸镍水浆加压氢还原制出了超细镍粉。

8 月，"金川资源综合利用"项目获"六五"国家攻关荣誉证书，获奖人：陈家镛、毛铭华、朱屯、苏立民。

从 1986 年《化工学报》的英文选辑开始出刊，即参与审稿和编辑工作，直到 1992 年英文选辑正式成为独立的英文化工杂志《中国化学工程学报》（*Chinese Journal of Chemical Engineering*），陈家镛和余国琮为主编，直至 2011 年 11 月换届卸任为荣誉主编。

1987 年

"胺类溶剂化萃取及其与中性萃取协同溶剂化萃取的研究"项目获国家自然科学奖三等奖，获奖人：于淑秋、陈家镛。

对于广西金矿堆浸提取提出了改良途径。

提出用相转移催化硫化——浮选方法处理氧化铜矿。

成功研制微波吸收粉末材料。

1988 年

10 月 2—15 日，参与组织在北京召开的首届湿法冶金国际会议（ICHM'88）。

化工冶金研究所第二届学位委员会，担任委员（共九人），直至 1990 年。

指导刘会洲进行"硫酸盐体系中溶剂萃取和反萃取 Fe（Ⅲ）机理的研究"博士后研究。

领导青霉素工业用新型破乳剂研制项目。

完成了钨粉还原炉生产过程的计算机控制。

对于团结沟金精矿中金的提取采用催化酸浸——氰化法完成了小型实验和公斤级扩大实验。

从仲钨酸铵氢还原生产钨粉（W31）。

1989 年

在中关村完成了铅基金金矿碳酸化转化——浮选工艺五十公斤扩大
试验。

开展了硫化镍阳极溶解电化学研究。

1990 年

化工冶金研究所第三届学位委员会，担任委员（共九人），直至
1991 年。

采用腐殖酸作为浸取剂在山东招远完成了二百吨矿堆浸提金试验。

从含镍废催化剂中综合回收镍铅。

1991 年

化工冶金研究所第五届学术委员会，任委员（共十七人），直至 1995 年。

化工冶金研究所第四届学位委员会，担任委员（共十三人），直至
1995 年。

出版专著《湿法冶金中铁的分离与应用》，冶金工业出版社。合作者
于淑秋、伍志春。

研究难处理低品位氧化铜矿的新处理方法，完成矿物处理与提取总
结 I。

对金川含镍磁黄铁矿用酸性溶剂和加压氧做了提取工作。

1992 年

6 月，陈家镛出席在加拿大召开的湿法冶金国际会议。

10 月 23 日—26 日，陈家镛出席在长沙举行的第二届国际湿法冶金学
术会议（ICHM'92）。

为培养研究生，在所领导的支持下成立"青年室"，专门作为一个独
立体系对博士和硕士研究生进行培养。

负责国家基金委重点项目"气液固三相反应器的基础及工程研究"，
并任课题一"滴流床反应器的性能和优化模拟研究"的负责人。

负责国家基金委的重大基础研究项目"化学工程中重要基础研究——传质分离与化学反应工程"的课题研究。

负责院重点项目"反胶团新技术的应用基础及新应用研究"。

开展了在硫酸盐溶液中萃取极微量铁的研究，解决了国内急需的钞票添加物质的问题。

用氨法生产高纯氧化锌，开展了洛南铅基金矿碳酸化转化法新工艺研究。

在青年室开展了"溶液中含稀浓度有机相用气浮方法进行回收"的课题研究。

1993 年

中国化工学会，陈家镛担任理事。

3 月，出席在瑞典召开的国际超细粉体会议。

6 月，出席在英国召开的溶剂萃取国际会议。

接待美国伊利诺伊大学校友会成员来访。

开展铅污泥制取化工产品工艺技术研究。

1995 年

化工冶金研究所第六届学术委员会，任委员（共二十三人），直至 1999 年。

化工冶金研究所第五届学位委员会，任委员（共二十二人），直至 1999 年。

开展了含铅废渣制取化工产品工艺技术研究。

1996 年

3 月，出席在澳大利亚召开的国际溶剂萃取会议。

11 月，获何梁何利基金科学与技术进步奖。

1997 年

10 月，出席在加拿大召开的国际溶剂萃取会议。

开展了应用生物技术在溶液中除硫的研究工作。

1998 年

3—5 月，受新加坡国立大学邀请，作为访问教授，进行了为期两个月的访问交流。

开展了纳米颗粒制备、磁性纳米颗粒制备及应用研究。

开展了天然产物（党参、甘草酸）提取的研究，已经在工业上应用。

为庆祝化工冶金研究所建所四十周年，陈家镛、杨守志、柯家骏等主编专著《湿法冶金的研究与发展》，由冶金工业出版社。

11 月 3 日—5 日，出席了在昆明举办的第三届湿法冶金国际会议（ICHM'98）。

1999 年

7 月，与汪家鼎等赴西班牙巴塞罗那参加国际溶剂萃取会议（ISEC），共同努力申请到 2005 年国际溶剂萃取会议在北京召开的举办权，实现了国际溶剂萃取会议在中国的首次举办。

化工冶金研究所第七届学术委员会，任委员（共二十二人），直至 2003 年。

化工冶金研究所第六届学位委员会，任委员（共二十二人），直至 2003 年。

2000 年

1 月，《化工冶金》更名为《过程工程学报》的开卷第一期，陈家镛发表题为《过程工业与过程工程学》的论文，指出了在过程工业不断发展和化学工程学内容扩展后，过程工程学是化学工程学在新时代发展的必然结果。

开展了外场对提取、萃取的影响，如微波场、磁场、超声场对反应的影响。

对界面现象进行了系统研究，对嵌段共聚物进行了全面的研究。

开展了不乳化搅拌器的研究及应用。

2001 年

1 月，与汪家鼎院士合作主编的大型工具书《溶剂萃取手册》，由化工出版社出版。手册组织了高校、科学院和工业部门十余个单位参与编撰，陈家镛撰写了其中两篇的序言章，并承担了大部分的统稿工作。

开展了磁场对分离的研究，并对磁分离设备进行了系统研究，并在工业上进行了广泛应用。

2003 年

过程工程研究所第八届学术委员会，任委员（共十八人），直至 2005 年。

开展了用生物方法除去柴油中的硫的研究。

2004 年

2 月，与毛在砂合作编著的研究生教材《化学反应工程学基础》由科学出版社出版，在中国科学院研究生院作为教材直至 2011 年，其基础是从八十年代起用的自编讲义。

2005 年

9 月，主编（杨守志、柯家骏副主编）的《湿法冶金手册》由冶金工业出版社出版。

开展了三相萃取的研究，扩展了传统的两相萃取。

过程工程研究所第七届学位委员会，任委员（共十九人），直至 2005 年。

过程工程研究所成立第一届所工程技术委员会，任委员（共十九人），直至 2008 年。

2007 年

8 月，为毛在砂编著的研究生教材《化工数学模型方法》写序言，由高等教育出版社出版，鼓励作者和读者"推动中国的化学工程学和化工科学技术持久、深入地向前发展，稳步地走向世界化工领域的最前沿"。

开展了磁性离子液体性质的研究及实际应用的探讨。

2008 年

3 月，陈家镛等科学家呼吁多年的中科院绿色过程与工程重点实验室正式成立。

6 月，化工出版社建社五十五周年，出版《科技之光——记杰出科技作家》，其中有《中国湿法冶金的先驱——记化工冶金专家陈家镛院士》。

7 月，在庆祝过程工程研究所建所五十周年举办的过程工程论坛上作专题报告，题目是《回忆过去，展望未来》。

过程工程研究所第十届学术委员会，任委员（共十九人）。

过程工程研究所第二届所工程技术委员会，任委员（共二十四人），直至 2008 年。

12 月，发改委批准组建的湿法冶金清洁生产技术国家工程实验室成立，陈家镛出席成立大会。

2009 年

12 月，毛在砂、陈家镛、杨超、王跃发的研究项目"多相体系的化学反应工程和反应器的基础研究及应用"荣获 2009 年度自然科学奖二等奖。

开展了三相萃取设备研究，对多种组分金属达到一步分组分离。

2012 年

2 月，出席庆祝陈家镛先生九十诞辰座谈会暨绿色化工冶金学术研讨会。

2013 年

撰写《化工和湿法冶金：两个学科分不开——庆贺〈化工学报〉创刊九十周年》。

2014 年

1 月，"新型功能化超顺磁性颗粒的制备及在分离技术中的应用"项目荣获国家技术发明奖二等奖，陈家镛是获奖人之一。

2017 年

2 月，中以合作的陈家镛一号星——微重力化工实验卫星发射成功，针对多相混合和多晶型药物结晶两个项目分别进行了微小卫星和失重飞机实验，取得了非常理想的实验结果。

2019 年

8 月 26 日，逝世于北京。

附录二　陈家镛主要论著目录

图书：

［1］陈家镛，刘蓉. 伊利诺大学. 长沙：湖南教育出版社，1990.

［2］陈家镛，于淑秋，伍志春. 湿法冶金中铁的分离与利用. 北京：冶金工业出版社，1991.

［3］查金荣，陈家镛编著. 传递过程原理及应用. 北京：冶金工业出版社，1997.

［4］陈家镛，杨守志，柯家骏，毛铭华. 湿法冶金的研究与发展. 北京：冶金工业出版社，1998.

［5］汪家鼎，陈家镛主编. 溶剂萃取手册. 北京：化学工业出版社，2001.

［6］陈家镛，杨守志编著. 过程工业与清洁生产：走环境友好的道路. 北京：清华大学出版社，2004.

［7］毛在砂，陈家镛编著. 化学反应工程学基础. 北京：科学出版社，2004.

［8］陈家镛. 湿法冶金手册. 北京：冶金工业出版社，2005.

期刊：

［1］Chen CY. Mechanism of the steam-carbon reaction in a flow system. PhD Dissertation，Univ Illinois，Urbana，Illinois，USA，1951.

［2］Swann S Jr.，Chen CY，Kerfman HD. Electrolytic reduction of organic compounds at carbon cathodes. J Electrochem Soc，1952，99（11）：460-466.

［3］Chen CY. Filtration of aerosols by fibrous media. Chem Rev，1955，55：595-623.

［4］陈家镛，夏光祥. 二氧化硫及氧与氧化铜反应的动力学. 化工学报，1965（1）：1-12.

［5］陈家镛. 新冶金过程来源于基础的化学研究. 化学通报，1980（7）：14-15.

［6］毛卓雄，李佐虎，杨守志，陈家镛. 多层气提式气、液、固三相反应器的研究. 化工学报，1980（1）：11-18.

［7］范正，黄安吉，陈家镛. 气体提升搅拌反应器的研究. 化工学报，1980（2）：130-142.

［8］李佐虎，陈家镛. 连续多级串联完全混合槽中固体颗粒反应产率计算方法. 化工学报，1981（4）：307-318.

［9］舒代萱，毛铭华，陈家镛. 高压氧还原制取镍粉动力学的初步探讨. 金属学报，1981，17（4）：403-411.

［10］Yu SQ，Meng XS，Chen JY. Solvent extraction of vanadium（V）from aqueous solutions by primary amines. Sci Sin B，1982，25（2）：113-123.

［11］苏立民，娄贵昌，黄安吉，陈家镛. 振动筛板萃取塔的液泛点和塔藏量的研究. 化工学报，1982（3）：307-318.

［12］邓彤，柯家骏，陈家镛. 元素硫的歧化反应动力学研究. 化工学报，1984，35（4）：328-334.

［13］Ke J，Qiu RY，Chen CY. Recovery of metal values from copper smelter flue dust. Hydrometallurgy, 1984, 12（2）: 217-224.

［14］张登君，罗世民，陈家镛. 镍铬合金包覆粉末的制取. 粉末冶金技术，1985, 3（4）: 7-13.

［15］卢立柱，安震涛，范正，陈家镛. 转盘萃取塔中连续相轴向混合的研究. 化工学报，1985, 36（4）: 407-417.

［16］曹昌琳，龚乾，陈家镛. 碳酸铵溶液中方铅矿阳极转化机理的探讨. 金属学报，1985, 21（4）: B163-174.

［17］朱肇森，杨守志，陈家镛. 钢渣提钒浸取动力学数学模型探讨. 矿业工程，1985, 5（3）: 45-50.

［18］Lu KY, Chen JY. Conversion of galena to lead carbonate in ammonium carbonate solutions-A new approach to lead hydrometallurgy. Hydrometallurgy, 1986, 17: 73-83.

［19］Gong Q, Lu ZY, Cao JZ, Chen JY. Kinetics of anodic dissolution of iron, cobalt, nickel and their alloys in ammonia-ammonnium carbonate solution. Chin J Met Technol, 1985, 2: 303-310.

［20］于淑秋，喻克宁，安震涛，伍志春，陈家塘. 用伯胺一中性磷协萃剂从高钼碱浸液中提铼的研究. 稀有金属，1987, 11（6）: 401-405.

［21］陈竹保，杨守志，陈家镛. 非稳态非均相扩散反应模型及解法. 化工学报，1987, 38（4）: 426-437.

［22］李进善，朱屯，陈家镛. 钴萃取研究Ⅸ. 有机磷（膦）酸萃取剂结构与萃取分离钴（Ⅱ）、镍（Ⅱ）性能的研究. 无机化学，1987, 3（3）: 7-15.

［23］Fang ZH, Chen JY. Electrochemical studies on anodic dissolution of synthetic nickel sulphides. Acta Metallurgica Sinica B, 1988, 24（6）: 385-392.

［24］邓彤，陈家镛. 相转移催化元素硫歧化反应的动力学. 化工学报，1988, 39（5）: 539-543.

［25］赵公会，李佐虎，陈家镛. 连续流动系统中颗粒返混与反应率计算的 Monte Carlo 方法. 化工学报，1988, 39（4）: 393-400.

［26］Yu SQ，Chen JY. Synergistic extraction of ferric iron in sulfate solutions by tertiary amine and 2–ethylhexyl phosphonic acid or dialkyl phosphonic acid. Hydrometallurgy，1988，22：183–192.

［27］刘后元，陈家镛. 液体与多孔固体颗粒间反应的模型研究. 化工学报，1989，40（3）：255–262.

［28］Fang ZH，Chen JY. Electrochemical studies on anodic dissolution of synthetic nickel sulfides. Acta Metall Sinica B，1989，2（3）：159–166.

［29］卢立柱，陈家镛. 由转盘塔内连续相溶质浓度轴分布估算传质系数和轴向混合系数的研究. 化工学报，1990，41（4）：387–394.

［30］Wu ZC，Yu SQ，Chen JY. Solvent extraction of Fe（III）from sulfate solutions with tertiary amines. Acta Metallurgica Sinica B，1990，26（3）：178–184.

［31］陈宇飞，陈家镛. 阶跃与方法示踪法测量气体的有效扩散系数. 化学反应工程与工艺，1991，7（3）：284–291

［32］刘会洲，于淑秋，陈家镛. P204–正辛烷萃取和反萃 Fe（III）机理的研究. 化工学报，1991，42（3）：283–288.

［33］杨智发，于淑秋，陈家镛. 用硫酸铝作絮凝剂从发酵滤液中萃取青霉素时破乳效果的研究. 化工学报，1991，42（6）：726–731.

［34］Chen JY，Yu SQ，Liu HZ，Meng XQ，Wu ZC. New mixed–solvent systems for the extraction and separation of ferric iron in sulfate–solutions. Hydrometallurgy，1992，30（1–3）：401–416.

［35］Li XM，Chen JY，Kammel R. Effect of fine grinding activation on leaching behaviour of scheelite concentrate. Acta Metallurgica Sinica B，1992，5（3）：153–157.

［36］陈宇飞，陈家镛. 混合电解质溶液在多孔颗粒内扩散的数学模型. 化工学报，1992，43（2）：125–132.

［37］Liu HZ，Yu SQ，Chen JY. Mechanism of extraction and stripping of Fe（III）with primary amine N1923 as extractant and n–octane as diluent. Acta Metallurgica Sinica B，1992，5（1）：12–15.

［38］杨智发，于淑秋，陈家镛. 醋酸丁酯及二正辛基亚砜萃取青霉素的研究. 化工学报，1992，43（2）：157–164.

［39］Chen JY, Yu SQ, Liu HZ, Meng XQ, Wu ZC. New mixed–solvent systems for the extraction and separation of ferric iron in sulfate–solutions. Hydrometallurgy, 1992, 30：401–416.

［40］Mao ZS, Xiong TY, Chen JY. Theoretical prediction of static liquid holdup in trickle bed reactors and comparison with experimental results. Chem Eng Sci, 1993, 48：2697–2703.

［41］赵由才，于淑秋，陈家镛. 钼酸盐存在下伯胺–TBP 萃取分离 As（Ⅴ）及其在分析中的作用. 环境工程，1993（1）：49–52.

［42］Li GQ, Yang SZ, Cai ZL, Chen JY. Liquid phase axial backmixing in an airlift loop bioreactor with non–Newtonian fluids. Chem Eng Comm, 1993, 125：13–26.

［43］鲍晓军，王蓉，陈家镛. 往返振动筛板萃取柱内单相流和液–液两相流的压降. 石油学报（石油加工），1993，9（4）：79–85.

［44］Fan ZL, Mao ZX, Chen JY. Mass–transfer in turbulent pulsating flows. Chin J Chem Eng, 1993, 1（3）：127–140.

［45］Chang QL, Liu HZ, Chen JY. Extraction of lysozyme, alpha–chymotrypsin, and pepsin into reverse micelles formed using an anionic surfactant, isooctane, and water. Enzyme Microb Technol, 1994, 16（11）：970–973.

［46］Zhu GC, Fang ZH, Chen JY. Electrochemical studies on the mechanism of gold dissolution in thiosulfate solutions. Trans Nonferr Metal Soc China, 1994, 4（1）：50–53, 58.

［47］Duan G, Chen JY. Effects of polar additives on the enzyme enantioselectivity of an esterification reaction in organic–solvents. Biotechnol Lett, 1994, 16：1065–1068.

［48］杨传芳，陈家镛. 从溶剂萃取反向胶团合成优质 ZrO_2 超细粉. 化学进展，1994，6（1）：85–86.

［49］Wang R，Mao ZS，Chen JY. Experimental and theoretical studies of pressure drop hysteresis in trickle bed reactors. Chem Eng Sci，1995，50：2321－2328.

［50］段钢，陈家镛. 光学活性物质的工业生产方法. 化工进展，1995（2）：32－36.

［51］林文才，毛在砂，陈家镛. 气升式环流反应器中的流体动力学研究（Ⅰ）一维两流体模型. 化工学报，1995，46（3）：282－289.

［52］Chang QL，Chen JY. Purification of industrial alpha－amylase by reversed micellar extraction. Biotechnol Bioeng，1995，48：745－748.

［53］Zhao YC，Chen JY. Extraction of phosphorus，arsenic and/or silica from sodium tungstate and molybdate solutions with primary amine and tributyl phosphate as solvents. I. Synergistic extraction and separation of phosphorus，arsenic and/or silica from tungstate and molybdate solutions. Hydrometallurgy，1996，42：313－324.

［54］朱国才，陈家镛. 碱性介质中元素硫歧化产物浸金的研究. 有色金属：冶炼部分，1996（1）：36－39.

［55］Yang CF，Chen JY. Production of ultrafine ZrO_2 and Y－doped ZrO_2 powders by solvent extraction from solutions of perchloric and nitric acid with tri－n－butyl phosphate in kerosene. Powder Teclmol，1996，89：149－155.

［56］Chen JY，Deng T，Zhu GC，Zhao J. Leaching and recovery of gold in thiosulfate based system － A research summary at ICM. Trans Indian Inst Met，1996，49（6）：841－849.

［57］Lin WC，Mao ZS，Chen JY. Hydrodynamic studies on loop reactors. II. Airlift loop reactors. Chin J Chem Eng，1997，5（1）：11－22.

［58］Mao ZS，Chen JY. Numerical solution of viscous flow past a solid sphere with the control volume formulation. Chin J Chem Eng，1997，5（2）：105－116.

［59］Zhao J，Wu ZC，Chen JY. Extraction of gold from thiosulfate solutions with alkyl phosphorus esters. Hydrometallurgy, 1997, 46: 363-372.

[60] Xie YC, Liu HZ, Chen JY. *Candida rugosa* lipase catalyzed esterification of racemic ibuprofen with butanol: Racemization of R-ibuprofen and chemical hydrolysis of S-ester formed. Biotech Lett, 1998, 20 (5): 455-458.

[61] Wang YF, Mao ZS, Chen JY. Scale and variance of radial liquid maldistribution in trickle beds. Chem Eng Sci, 1998, 53: 1153-1162.

[62] Wu ZC, Zhang X, Xu RF, Chen JY. Solvent extraction of lincomycin with neutral donor extractants. Separ Sci Technol, 1998, 33: 259-269.

[63] Zhao J, Wu ZC, Chen JY. Extraction of gold from thiosulfate solutions using amine mixed with neutral donor reagents. Hydrometallurgy, 1998, 48: 133-144.

[64] Liu HZ, Yang WJ, Chen JY. Effects of surfactants on emulsification and secondary structure of lysozyme in aqueous solutions. Biochem Eng J, 1998, 2: 187-196.

[65] 陈家镛. 绿色生产技术概述. 化工冶金, 1999, 20 (1): 82-85.

[66] 柯家骏, 陈家镛. 有色金属冶金领域中化工冶金研究所工作的回顾. 化工冶金, 1999, 20 (4): 442-448.

[67] Guo C, Liu HZ, Chen JY. A Fourier transform infrared study of the phase transition in aqueous solutions of ethylene oxide-propylene oxide triblock copolymer. Colloid Polymer Sci, 1999, 277 (4): 376-381.

[68] Yu J, Liu HZ, Chen JY. "Modified flocculation" of protein with a combination of copolymer and polyacrylamide. Chem Eng Sci, 1999, 54 (24): 5839-5843.

[69] Zhang TX, Liu HZ, Chen JY. Affinity extraction of BSA with reversed micellar system composed of unbound Cibacron Blue. Biotechnol Progr, 1999, 15: 1078-1082.

[70] Chang ZD, Liu HZ, Chen JY. Foam separation of tributyl phosphate from aqueous solutions. I. Experiment. Separ Purif Technol, 2000, 19

（1-2）：131-136.

[71] Xie YC，Liu HZ，Chen JY. Kinetics of base catalyzed racemization of ibuprofen enantiomers. Int J Pharmaceutics，2000，196：21-26.

[72] Chang ZD，Liu HZ，Chen JY. Foam separation of tributyl phosphate from aqueous solutions - Part II. Simulation. Separ Purif Technol，2000，19：137-143.

[73] 张懿，陈家镛，刘会洲. 新一代资源回收・循环集成技术与生态化产业体系. 化工进展，2000（2）：10-11，46.

[74] 刘会洲，陈家镛. 过程工业中重要分离技术的新进展. 化工学报，2000，51（S1）：29-34.

[75] Chen JY，Wu ZC. Solvation extraction by amines and synergistic solvation extraction with neutral or acidic extractants. Mineral Process Extract Metall Rev，2000，21（1-5）：49-87.

[76] 李希明，陈家镛. 机械化学在资源和材料工及环保在的应用. 化工冶金，2000，21（4）：443-448.

[77] Chen JY，Zhang Y，Lu KY，Gong Q，Zhu GC. Studies on environmentally friendly leaching processes in China. Chin J Chem Eng，2001，9（1）：5-11.

[78] 陈家镛. 过程工业与过程工程学. 过程工程学报，2001，1（1）：8-9.

[79] Zhang YQ，Mao ZS，Chen JY. Interfacial kinetics of biphasic hydroformylation of 1-dodecene catalyzed by water-soluble rhodium complex by a combined numerical and experimental approach. Ind Eng Chem Res，2001，40：4496-4505.

[80] Mao ZS，Li TW，Chen JY. Numerical simulation of steady and transient mass transfer to a single drop dominated by external resistance. Int J Heat Mass Transfer，2001，44：1235-1247.

[81] Chen JY，Yu GC. An Ascending Step. Chin J Chem Eng，2002，10（1）：Edtorial.

[82] Yang C，Mao ZS，Wang YF，Chen JY. Kinetics of hydroformylation

of propylene using RhCl(CO)‒(TPPTS)$_2$/TPPTS complex catalyst in aqueous system. Catal Today，2002，74（1‒2）：111‒119.

［83］Su YL，Liu HZ，Wang J，Chen JY. Study of salt effects on the micellization of PEO‒PPO‒PEO block copolymer in aqueous solution by FTIR spectroscopy. Langmuir，2002，18（3）：865‒871.

［84］陈家镛. 应鼓励科学家在国内期刊发表高水平论文. 分子植物育种，2003，1（4）：583‒584.

［85］Luo MF，Xing JM，Gou ZX，Li S，Chen JY. Desulfurization of dibenzothiophene by lyophilized cells of *Pseudomonas delafieldii* R‒8 in the presence of dodecane. Biochem Eng J，2003，13（1）：1‒6.

［86］Luo MF，Gou ZX，Xing JM，Liu HZ，Chen JY. Microbial desulfurization of model and straight‒run diesel oils. J Chem Technol Biotechnol，2003，78：873‒876.

［87］Mao ZS，Chen JY. Numerical simulation of Marangoni effect on mass transfer to single drops in liquid‒liquid extraction systems. Chem Eng Sci，2004，59（8‒9）：1815‒1828.

［88］Mao ZS，Yang C，Chen JY. Simple hydrostatic model of contact angle hysteresis of a sessile drop on rough surface. Chin J Chem Eng，2005，13（1）：118‒123.

［89］余江，刘会洲，陈家镛. 微乳相萃取技术的研究进展. 化工学报，2006，57（8）：1746‒1755

［90］刘会洲，郭晨，常志东，杨超，李洪钟，陈家镛. 化工过程纳微结构界面预测与调控展望. 过程工程学报，2008，8（4）：660‒666.

［91］陈家镛. 学习汪先生的做人和做事. 化工学报，2010，61（7）：封里.

［92］陈家镛. 要给年轻人更多机会，科学中国人，2012（8）：56.

［93］Mao ZS，Yang C，Chen JY，Mathematical modeling of a hydrophilic cylinder floating on water，J Colloid Interface Sci，2012，377：463‒468.

［94］陈家镛. 化工和湿法冶金：两个学科分不开. 化工学报，2013，64

（1）：1−2.

［95］Zhang TX，Liu HZ，Chen JY. Extraction of yeast alcohol dehydrogenase using reversed micelles formed with CTAB. J Chem Technol Biotechnol，2015，75（9）：798−802.

参考文献

［1］陈家镛，夏光祥. 氧化铜与二氧化硫及氧化作用生成硫酸铜的动力学 ［J］. 化工学报，1965（1）：1-12.

［2］陈家镛. 新冶金过程来源于基础的化学研究 ［J］. 化学通报，1980（7）：14-15.

［3］张登君，罗世民，陈家镛. 镍铬合金包覆粉末的制取 ［J］. 粉末冶金技术，1985，3（4）：7-14.

［4］陈家镛，刘蓉. 伊利诺大学 ［M］. 湖南：湖南教育出版社，1990.

［5］陈家镛，于淑秋，伍志春. 湿法冶金中铁的分离与利用 ［M］. 北京：冶金工业出版社，1991.

［6］鲍晓军，杨守志，朱国才. 著名化工冶金专家陈家镛 ［J］. 化学工程师，1992（5）：封里，1，48.

［7］陈家镛. 萃取化学与化工的进展：1993 年国际溶剂萃取会议 ［J］. 化工进展，1994，6（1）：85-86.

［8］何梁何利基金会. 1996 年何梁何利奖 ［M］. 北京：科学出版社，1996.

［9］陈家镛，杨守志，柯家骏，毛铭华. 湿法冶金的研究与发展 ［M］. 北京：冶金工业出版社，1998.

［10］赵瑞蕻. 梦回柏溪——怀念范存忠先生，并忆中央大学柏溪分校 ［J］. 新文学史料，1998（3）：92-99，79.

［11］杨守志. 陈家镛 ［M］// 中国科学技术协会. 中国科学技术专家传略·工程

技术编·化工卷：1. 北京：中国科学技术出版社，1999：408-415.

［12］陈家镛. 绿色生产技术概述［J］. 化工冶金，1999，20（1）：82-85.

［13］柯家骏，陈家镛. 有色金属冶金领域中化工冶金研究所工作的回顾［J］. 化工冶金，1999，20（4）：442-448.

［14］刘会洲，陈家镛. 过程工业中重要分离技术的新进展［J］. 化工学报，2000，51（增刊）：29-34.

［15］陈家镛. 过程工业与过程工程学［J］. 过程工程学报，2001，1（1）8-9.

［16］汪家鼎，陈家镛. 溶剂萃取手册［M］. 北京：化学工业出版社，2001.

［17］柯家骏. 陈家镛［M］// 中国科学技术协会. 中国科学技术专家传略·工程技术编·有色金属卷：2. 北京：中国科学技术出版社，2002：114-122.

［18］陈家镛. 应鼓励科学家在国内期刊发表高水平论文［J］. 分子植物育种，2003（1）：583-584.

［19］毛在砂，陈家镛. 化学反应工程学基础［M］. 北京：科学出版社，2004.

［20］陈家镛，杨守志. 过程工业与清洁生产［M］. 北京：清华大学出版社，广州：暨南大学出版社，2004.

［21］陈家镛，杨守志，柯家骏. 湿法冶金手册［M］. 北京：冶金工业出版社，2005.

［22］路甬祥. 科学的道路：上卷［M］. 上海：上海教育出版社，2005.

［23］王银凤. 点石成金——记中国科学院院士陈家镛［J］. 科学中国人，2005（4）：38.

［24］雪红. 我国湿法冶金的开拓者——陈家镛［J］. 稀土信息，2007（8）：26-27.

［25］龙巧玲. 对话精英［M］. 北京：中国社会出版社，2011.

［26］湿法冶金拓荒人——陈家镛［J］. 泸州科技，2013（4）：42.

［27］毛在砂，伍志春，刘会洲. 陈家镛［M］//20 世纪中国知名科学家学术成就概览·化学卷：第 4 分册. 北京：科学出版社，2014：317-330.

［28］刘伟，安震涛，毛在砂. 化工冶金学家陈家镛［J］. 工程研究，2015（1）：96-105.

后 记

    2010 年，中国科协牵头，国务院科教办协助，联合中组部、教育部、科技部、工信部、财政部、文化部、国资委、解放军总政治部、中科院、工程院、基金委十一部委共同组织实施"老科学家学术成长资料采集工程"。2011 年，中国科学院院士陈家镛院士入选中国科协确定的第二批采集名单，中国科学院过程工程研究所作为项目承担单位。

    陈家镛院士工作小组成员由长期在老先生身边工作的同志以及研究所负责信息宣传和档案管理的工作人员组成。陈先生家中存有一些早期从美国带回来的重要资料，如毕业证、成绩单等，回国后保留下来的大部分珍贵资料都存放在办公室，加之有了解情况的老同志帮助搜集整理，这为采集工程档案资料的整理工作提供了极大的方便。虽然大家对陈家镛院士的学术经历和科研贡献都有一定的了解，但整理资料的老师在梳理陈家镛院士与国内外友人的来往书信时，发现了许多书信承载了老先生的拳拳爱国情，这些事情他都很少提起。起草过程中，每位撰稿人都是满怀着对陈家镛院士的崇敬与景仰动笔的，尽管写作水平尚难尽如人意，但大家都是将真情实感流淌在笔端。

    在紧张有序的工作中，采集工程陈家镛院士工作小组得到了中国科学技术史学会的指导以及北京科技咨询中心、南京大学、成都市档案馆等单位的协助。本书得到中国工程院张懿院士和中国科学院绿色过程与工程重点实验室主任刘会洲研究员的鼎力支持，为本书撰写了序；得到了中国科学院绿色过程与工程重点实验室和湿法冶金清洁生产技术国家工程实验室的协助配合，北京电视台刘欢和北京市理化分析测试中心张经华两位老师协助后期修改润色，在此表示诚挚的谢意。

本书写作过程中得到了"老科学家学术成长资料采集工程"办公室的指导与鼓励。在多方的共同努力下，在中国科学技术出版社的支持下，本书在先生百年诞辰之际得以出版与读者见面。

作为老科学家学术成长资料采集工程的重要成果，这套传记丛书向广大读者展示了老一辈科学家们严谨治学的态度、求真务实的精神、厚德载物的品质和爱国奉献的情怀。希望我国中青年科技工作者，继承传扬前辈们的科学作风，发扬光大前辈们的科学精神，肩负起实现高水平科技自立自强的时代重任。

老科学家学术成长资料采集工程丛书

已出版（139种）

《卷舒开合任天真：何泽慧传》

《此生情怀寄树草：张宏达传》

《从红壤到黄土：朱显谟传》

《梦里麦田是金黄：庄巧生传》

《山水人生：陈梦熊传》

《大音希声：应崇福传》

《做一辈子研究生：林为干传》

《寻找地层深处的光：田在艺传》

《剑指苍穹：陈士橹传》

《举重若重：徐光宪传》

《情系山河：张光斗传》

《魂牵心系原子梦：钱三强传》

《金霉素·牛棚·生物固氮：沈善炯传》

《往事皆烟：朱尊权传》

《胸怀大气：陶诗言传》

《智者乐水：林秉南传》

《本然化成：谢毓元传》

《远望情怀：许学彦传》

《一个共产党员的数学人生：谷超豪传》

《没有盲区的天空：王越传》

《含章可贞：秦含章传》

《行有则　知无涯：罗沛霖传》

《精业济群：彭司勋传》

《为了孩子的明天：张金哲传》

《肝胆相照：吴孟超传》

《梦想成真：张树政传》

《新青胜蓝惟所盼：陆婉珍传》

《情系梁菽：卢良恕传》

《核动力道路上的垦荒牛：彭士禄传》

《笺草释木六十年：王文采传》

《探赜索隐　止于至善：蔡启瑞传》

《妙手生花：张涤生传》

《碧空丹心：李敏华传》

《硅芯筑梦：王守武传》

《仁术宏愿：盛志勇传》

《云卷云舒：黄士松传》

《踏遍青山矿业新：裴荣富传》

《让核技术接地气：陈子元传》

《求索军事医学之路：程天民传》

《论文写在大地上：徐锦堂传》

《一心向学：陈清如传》

《铃记：张兴钤传》

《许身为国最难忘：陈能宽传》

《寻找沃土：赵其国传》

《钢锁苍龙　霸贯九州：方秦汉传》　　《虚怀若谷：黄维垣传》
《一丝一世界：郁铭芳传》　　《乐在图书山水间：常印佛传》
《宏才大略　科学人生：严东生传》　　《碧水丹心：刘建康传》

《我的气象生涯：陈学溶百岁自述》　　《我的教育人生：申泮文百岁自述》
《赤子丹心　中华之光：王大珩传》　　《阡陌舞者：曾德超传》
《根深方叶茂：唐有祺传》　　《妙手握奇珠：张丽珠传》
《大爱化作田间行：余松烈传》　　《追求卓越：郭慕孙传》
《格致桃李半公卿：沈克琦传》　　《走向奥维耶多：谢学锦传》
《躬行出真知：王守觉传》　　《绚丽多彩的光谱人生：黄本立传》
《草原之子：李博传》

《此生只为麦穗忙：刘大钧传》　　《探究河口　巡研海岸：陈吉余传》
《航空报国　杏坛追梦：范绪箕传》　　《胰岛素探秘者：张友尚传》
《聚变情怀终不改：李正武传》　　《一个人与一个系科：于同隐传》
《真善合美：蒋锡夔传》　　《究脑穷源探细胞：陈宜张传》
《治水殆与禹同功：文伏波传》　　《星剑光芒射斗牛：赵伊君传》
《用生命谱写蓝色梦想：张炳炎传》　　《蓝天事业的垦荒人：屠基达传》
《远古生命的守望者：李星学传》

《善度事理的世纪师者：袁文伯传》　　《化作春泥：吴浩青传》
《"齿"生无悔：王翰章传》　　《低温王国拓荒人：洪朝生传》
《慢病毒疫苗的开拓者：沈荣显传》　　《苍穹大业赤子心：梁思礼传》
《殚思求火种　深情寄木铎：黄祖洽传》　　《仁者医心：陈灏珠传》
《合成之美：戴立信传》　　《神乎其经：池志强传》
《誓言无声铸重器：黄旭华传》　　《种质资源总是情：董玉琛传》
《水运人生：刘济舟传》　　《当油气遇见光明：翟光明传》
《在断了 A 弦的琴上奏出多复变　　《微纳世界中国芯：李志坚传》
　　最强音：陆启铿传》　　《至纯至强之光：高伯龙传》

《弄潮儿向涛头立：张乾二传》　　《材料人生：涂铭旌传》

《一爆惊世建荣功：王方定传》　　《寻梦衣被天下：梅自强传》

《轮轨丹心：沈志云传》　　　　　《海潮逐浪　镜水周回：童秉纲

《继承与创新：五二三任务与青蒿素研发》　　　口述人生》

《淡泊致远　求真务实：郑维敏传》　《采数学之美为吾美：周毓麟传》

《情系化学　返璞归真：徐晓白传》　《神经药理学王国的"夸父"：

《经纬乾坤：叶叔华传》　　　　　　　　金国章传》

《山石磊落自成岩：王德滋传》　　　《情系生物膜：杨福愉传》

《但求深精新：陆熙炎传》　　　　　《敬事而信：熊远著传》

《聚焦星空：潘君骅传》

《逐梦"中国牌"心理学：周先庚传》　《恬淡人生：夏培肃传》

《情系花粉育株：胡含传》　　　　　《我的配角人生：钟世镇自述》

《情系生态：孙儒泳传》　　　　　　《大气人生：王文兴传》

《此生惟愿济众生：韩济生传》　　　《历尽磨难的闪光人生：傅依备传》

《谦以自牧：经福谦传》　　　　　　《思地虑粮六十载：朱兆良传》

《世事如棋　真心依旧：王世真传》　《心瓣探微：康振黄传》

《大地情怀：刘更另传》　　　　　　《寄情水际砂石间：李庆忠传》

《一儒：石元春自传》　　　　　　　《美玉如斯　沉积人生：刘宝珺传》

《玻璃丝通信终成真：赵梓森传》　　《铸核控核两相宜：宋家树传》

《碧海青山：董海山传》　　　　　　《驯火育英才　调土绿神州：

　　　　　　　　　　　　　　　　　　　　徐旭常传》

《追光：薛鸣球传》　　　　　　　　《通信科教　乐在其中：李乐民传》

《愿天下无甲肝：毛江森传》　　　　《力学笃行：钱令希传》

《以澄净的心灵与远古对话：吴新智传》《与肿瘤相识　与衰老同行：

《景行如人：徐如人传》　　　　　　　　　童坦君传》

《没有勋章的功臣：杨承宗传》　　　　　《科学人文总相宜：杨叔子传》